Ansgar Stich
Tobias Tyll

Soziale Marktwirtschaft und Wirtschaftspolitik

Kompetenzorientiert, lebensweltbezogen und aktuell unterrichten

Klasse 5–10

Auer

Gedruckt auf umweltbewusst gefertigtem, chlorfrei gebleichtem und alterungsbeständigem Papier.

1. Auflage 2018

Covergestaltung: annette forsch konzeption und design, Berlin
Umschlagfoto: © Phongphan – shutterstock.com
Illustrationen: Julia Flasche, Steffen Jähde
Satz: Typographie & Computer, Krefeld
Druck und Bindung: Korrekt Nyomdaipari Kft
ISBN 978-3-403-**07909**-5
www.auer-verlag.de

Liebe Kolleginnen und Kollegen,

mit dem Thema Wirtschaft bzw. Wirtschaften wird immer wieder Politik gemacht. Wirtschaftskompetenz gilt als Markenzeichen mancher Politiker oder gar ganzer Parteien. Was genau das heißt und welche Abläufe oder Inhalte im Hintergrund des „guten Ökonomen“ sind, bleibt dabei oft unklar. Licht in dieses Dunkel zu bringen und handfeste Erklärungen als Basis einer eigenen (wirtschafts-)politischen Positionierung zu liefern, ist auch Aufgabe der schulischen politischen Bildung. Vermeintlich leichte Lösungen stellen sich oftmals als komplexer heraus, wenn man die Zusammenhänge bedenkt. Eines ist in jedem Falle sicher: Von wirtschaftspolitischen Entscheidungen betroffen sind schlussendlich immer wir alle.
Die vorliegenden Materialien wurden mit der Zielsetzung konzipiert, den Jugendlichen möglichst oft in seiner Lebenswelt abzuholen. Sie erheben daher auch nicht den Anspruch, das Themenfeld Marktwirtschaft und Wirtschaftspolitik systematisch vollständig abzudecken. Sie leuchten schlaglichtartig einzelne möglichst alltagsrelevante Aspekte aus. Damit stellen sie eine lebensnahe Ergänzung zu den üblichen Lehrwerken dar.
Auch lassen sich nicht alle Arbeitsblätter endgültig trennscharf dem einen oder anderen Themenfeld zuordnen, die Übergänge sind fließend und die Sortierung dieser Materialien orientiert sich an deren inhaltlichen Schwerpunkten.

Die einzelnen Abschnitte dieser Materialiensammlung werden durch didaktisch-methodische Hinweise eingeleitet, denen die zugehörigen Arbeitsblätter folgen. Dabei werden die Materialien nochmals untergliedert in sinnvolle Unterrichtseinheiten, die je nach Leistungsfähigkeit und Arbeitstempo Ihrer Schüler 45 bis 90 Minuten Unterrichtszeit in Anspruch nehmen. Als Fachmann und Kenner Ihrer Klasse können Sie am besten selbst beurteilen, wie viel Zeit tatsächlich benötigt wird, sodass hierzu keine konkreten Vorgaben gemacht wurden.
Den didaktisch-methodischen Hinweisen können Sie ebenfalls entnehmen, welche Kompetenzen durch die Arbeit mit den Materialien angebahnt werden Ⓚ.
Manche Arbeitsblätter sind zweiseitig konzipiert. Achten Sie bitte auf doppelseitige Kopien, um der Papierflut ein wenig Einhalt zu gebieten.
Aufgrund der besseren Lesbarkeit werden Schülerinnen und Schüler sowie Lehrerinnen und Lehrer nur in der männlichen Form angesprochen.

Die vorliegenden Materialien gliedern sich wie folgt:
- Die Soziale Marktwirtschaft
- Konzipierung und Durchsetzung der Sozialen Marktwirtschaft
- Volkswirtschaftliche Grundlagen
- Ziele der Wirtschaftspolitik
- Arten und Ansätze der Wirtschaftspolitik
- Beispiele für wirtschaftspolitische Maßnahmen
- Wirtschaftspolitische Schwerpunkte der Parteien

Wir wünschen Ihnen viel Freude mit diesem Buch und gutes Gelingen bei der unterrichtlichen Umsetzung.

Ihre
Ansgar Stich
Tobias Tyll

Didaktisch-methodische Hinweise

Eine Betrachtung des Begriffs Soziale Marktwirtschaft unter mehreren verschiedenen Gesichtspunkten leitet das Hinführungskapitel ein, um dann die Relevanz des Themas im direkten Umfeld der Schüler aufzufächern.

Unterrichtseinheit 1:

Ⓚ Sachkompetenz, Wahrnehmungskompetenz, Deutungskompetenz, Urteilskompetenz

Um sich dem Großthema Soziale Marktwirtschaft überhaupt zu nähern, ist es sinnvoll, mit dem Begriff als solchem zu beginnen. Das Arbeitsblatt **„Begriff ‚Soziale Marktwirtschaft' – Annäherung" (S. 7)** holt die Schüler in ihrer Alltagswelt ab, indem Zitate zum Thema untersucht werden und eine Wortwolke analysiert bzw. eine eigene entwickelt wird.
Im nächsten Schritt werden mit den Arbeitsblättern **„Begriff ‚Soziale Marktwirtschaft' – Definition" (S. 8)** und **„Der Staat in der Sozialen Marktwirtschaft" (S. 9f.)** Definitionen und Abgrenzungen thematisiert. Auch die sich natürlich sofort ergebende Frage, welche Rolle der Staat in diesem Geflecht einnehmen kann, soll hier bereits grob umrissen werden. An dieser Stelle sollte der Lehrer darauf hinweisen, dass es sich nur um eine grobe Einschätzung der Rolle des Staates handelt, die sich, wie auch in späteren Abschnitten dieses Arbeitshefts dargestellt, natürlich noch stärker ausdifferenzieren lässt.
Abschließend wird mit dem Arbeitsblatt **„Soziale Marktwirtschaft in den Medien" (S. 11)** eine zeitaktuelle Beschäftigung mit dem Thema „Soziale Marktwirtschaft" in den Blick genommen. Den Schülern soll klar werden, dass unsere Wirtschaftsform keine abstrakte Konstruktion für Politiker oder Theoretiker ist, sondern konkret mit ihrem Leben zu tun hat. Zudem werden die Schüler angeregt, (wenigstens) eine Woche lang die Zeitungsberichterstattung genau zu verfolgen. Der Suchauftrag könnte auch Appetit auf mehr machen, sodass Schüler (wieder) an die Zeitungslektüre herangeführt werden.

Unterrichtseinheit 2:

Ⓚ Sachkompetenz, Wahrnehmungskompetenz, Deutungskompetenz, Kommunikationskompetenz, Urteilskompetenz

Die zweite Einheit der Hinführung verdeutlicht noch stärker die Alltagsrelevanz des Marktwirtschaftens und vertieft diese. Am Beispiel eines „normalen" Lebens wird mit dem Arbeitsblatt **„Soziale und ökologische Marktwirtschaft" (S. 12f.)** die Durchdringung mit Fragen der Ökonomie und hier auch Ökologie klargemacht. Auch die Kehrseite, nämlich Etikettenschwindel und Täuschung, die sich mit jedem Reflektieren eines etablierten Systems einstellt, verdient eine Betrachtung. Zugleich werden konstruktiv Lösungsmöglichkeiten für ökonomische Alltagsdilemmata angeboten. Nachhaltigkeit als Modebegriff, der zu der Erscheinung des „Greenwashing" geführt hat, soll mit dem Arbeitsblatt **„Das sogenannte ‚Greenwashing'" (S. 14f.)** reflektiert und in nützliche Verbrauchertipps umgesetzt werden. Ein kritisches Bewusstsein wird hier auch mithilfe eines Auszugs aus dem Nachhaltigkeitsbarometer der Organisation Greenpeace angeregt und soll im weiteren Verlauf der Unterrichtseinheiten noch vertieft und ausgebaut werden. Es geht aber zugleich nicht darum, einzelne Firmen an den Pranger zu stellen. Sie werden – wenn überhaupt – exemplarisch für einzelne fehllaufende Trends in unserer Sozialen Marktwirtschaft thematisiert. Umgekehrt gilt das Gleiche für die in den Texten vorkommenden Positivbeispiele.

Begriff „Soziale Marktwirtschaft“ – Annäherung

„Die soziale Marktwirtschaft, unsere freiheitliche Wirtschafts- und Gesellschaftsordnung, lebt ganz entscheidend von der Bereitschaft der Bürgerinnen und Bürger, selbst Verantwortung zu übernehmen.“
Helmut Kohl, Bundeskanzler (1982–1998)

„Soziale Marktwirtschaft vollzieht sich nicht in Gesetzbüchern, sondern im Denken und Handeln der Menschen.“
Richard von Weizsäcker, Bundespräsident (1984–1994)

„Demokratie und Grundgesetz haben sich in Deutschland nicht zuletzt deshalb Anerkennung erworben, weil mit ihnen Wohlstand kam. Die Erfolgsgeschichte der alten Bundesrepublik war deshalb auch eine Erfolgsgeschichte der sozialen Marktwirtschaft.“
Roman Herzog, Bundespräsident (1994–1999)

1 Stellt mithilfe der drei Zitate Vermutungen über die Bedeutung des Begriffs Soziale Marktwirtschaft an.

2 Diese Sammlung von Begriffen nach Art einer Wortwolke trägt die Überschrift Freiheit. Auch der Begriff Marktwirtschaft ist enthalten. Erläutert den Eindruck hinsichtlich des Zusammenhangs von Freiheit und Marktwirtschaft, den diese Sammlung hinterlässt. Stützt euch dabei auf wichtige euch bekannte Begriffe in der Wortwolke. Schlagt unbekannte Wörter in einem Wörterbuch nach.

3 Entwickelt eine ähnliche Wortwolke für den Begriff „sozial“.

4 Verfasst auf der Basis eurer Erkenntnisse aus den Aufgaben 1 bis 3 eine vorläufige Definition des Begriffs „Soziale Marktwirtschaft“:

Soziale Marktwirtschaft ist ____.

Sie bedeutet ____.

Von der „bloßen“ Marktwirtschaft unterscheidet sich die Soziale dadurch, dass

____.

Begriff „Soziale Marktwirtschaft" – Definition

1 Im Begriff Soziale Marktwirtschaft steckt das Wort sozial. Was assoziierst du persönlich mit diesem Begriff? Sammele alle Wörter, die du mit „sozial" verbindest. Bringe diese Wörter in eine Rangliste und setze dabei das Wort, das dir am wichtigsten ist, nach oben. Begründe deine Rangliste gegenüber einem Partner.

Die Bundeszentrale für politische Bildung betreibt einen online-Auftritt für Kinder und Jugendliche namens *Hanisauland. Politik für dich.* Hier wird der Begriff „Soziale Marktwirtschaft" wie folgt definiert:

Der Staat handelt
Deutschlands Wirtschaftsordnung ist die Soziale Marktwirtschaft. Sie wurde aus der Freien Marktwirtschaft entwickelt. Damit keine zu großen sozialen Ungerechtigkeiten entstehen, greift der Staat durch bestimmte Regeln in die Freie Marktwirtschaft ein.

Regeln der Sozialen Marktwirtschaft
Zum Beispiel gibt es Gesetze zum Kündigungsschutz, die verbieten, dass ein Arbeitnehmer von einem Tag auf den anderen entlassen wird. Dies ist wichtig, denn eine solche sofortige Kündigung würde dem Arbeitnehmer in der Regel sehr große Probleme bereiten.
Andere Gesetze sollen verhindern, dass sich große Firmen zu sogenannten Kartellen zusammenschließen, denn dann könnten diese Kartelle die Preise ihrer Produkte so absprechen, dass kleinere Betriebe nicht mehr mithalten können und pleitegehen. Auch sorgt der Staat dafür, dass bei gefährlichen Arbeiten die Arbeitnehmer vor zu großen Gesundheits- oder Sicherheitsrisiken geschützt werden. Kurz, die Freiheit der Marktwirtschaft wird da eingeschränkt, wo sie unsozial ist, wo sie nur den Starken dient und den weniger Starken schadet. Das Privateigentum wird geschützt, aber wer Eigentum hat, hat auch Verantwortung dafür, wie er damit umgeht. [...]

Unterschiede zwischen Freier und Sozialer Marktwirtschaft
Im Folgenden haben wir einige Beispiele aufgezeigt, die deutlich machen, wie sich die Soziale Marktwirtschaft von der Freien Marktwirtschaft unterscheidet.

Freie Marktwirtschaft	Soziale Marktwirtschaft
Der Staat sorgt für die innere und äußere Sicherheit, greift aber nicht in das wirtschaftliche Geschehen ein.	Der Staat greift in das wirtschaftliche Geschehen ein, um auch soziale Ziele zu erreichen (zum Beispiel Kündigungsschutz, Mutterschutz)
Privateigentum ist nicht eingeschränkt.	Privateigentum ist grundsätzlich geschützt. Aber es gilt der Grundsatz: „Eigentum verpflichtet". Es besteht die Möglichkeit, dass – gegen Entschädigung – jemand enteignet werden kann, zum Beispiel wenn die Sicherheit des Staates betroffen ist.
Die Unternehmen können produzieren, was sie wollen, es herrscht sogenannte Gewerbefreiheit.	Der Staat greift in die Gewerbefreiheit ein, zum Beispiel wenn die Gefahr besteht, dass von bestimmten Produkten besondere Gefahren ausgehen.
Jeder kann Verträge schließen, so wie er es möchte. Es herrscht also völlige Vertragsfreiheit.	Die Vertragsfreiheit ist eingeschränkt: die Rechte von Menschen, die wirtschaftlich schwächer sind, müssen besonders geschützt werden (so gibt es zum Beispiel Gesetze gegen Wucher oder zum Kündigungsschutz).

2 Stellt ausgehend von der im Text angegebenen Definition Vor- und Nachteile der Sozialen Marktwirtschaft denen der Freien Marktwirtschaft gegenüber.

3 Stellt euch vor, ihr wärt der Wirtschaftsminister eines Staates, dessen Wirtschaft als Soziale bzw. Freie Marktwirtschaft organisiert ist. Verteidigt euer System gegen gegnerische Angriffe, indem ihr ein klar und pointiert formuliertes politisches Statement zu eurem Wirtschaftssystem verfasst.

Der Staat in der Sozialen Marktwirtschaft (1)

Die Soziale Marktwirtschaft versucht, eine möglichst optimale Verknüpfung zweier Bereiche zu erzielen. Der eine Bereich betont die Selbstständigkeit des Individuums. Es soll seine Interessen, Freiheiten und Fähigkeiten voll entfalten können. Der andere Bereich zielt auf die Interessen des Gemeinwesens. Hier sind Menschenwürde, soziale Sicherheit und Gerechtigkeit zentrale Punkte.
Der erste Bereich, ein von Freiheit und Leistungsstreben bestimmter Markt, auf dem sich die Preise nach Angebot und Nachfrage bilden, ermöglicht eine hohe Effizienz bei der Entwicklung, Herstellung und Verteilung von Gütern. Die Anliegen des zweiten Bereiches werden nicht durch den Markt erfüllt. Hierfür kann letztlich nur der Staat sorgen. „So viel Markt wie möglich, so viel Staat wie nötig" ist eine oftmals gebrauchte Aussage.
Die wichtigsten Ziele der Wirtschaftspolitik in der Sozialen Marktwirtschaft sind eine hohe wirtschaftliche Produktivität mit Wohlstand für alle, sozialer Ausgleich, die Begrenzung von wirtschaftlicher Macht und eine stabile wirtschaftliche Entwicklung. Diese Ziele werden zum großen Teil durch die Märkte selbst erreicht. Aber sie werden nicht immer verwirklicht, und auch nicht immer in dem Maße, wie es den politischen Vorstellungen, von denen sich die Gesellschaft leiten lässt, entspricht. Deshalb greift der Staat in den Markt ein. Er nimmt beispielsweise Einfluss auf die Verwendung von Ressourcen, wenn die Märkte allein dies nicht effizient leisten. Diese Eingriffsmöglichkeiten können vielfältig sein, nachstehend eine kleine Übersicht:

Was?	**Mögliche Auswirkungen**	**Beispiel**
Steuern	• Verkauf wird durch günstigere oder teurere Preise erleichtert oder erschwert.	• Tabaksteuer zum gesundheitlichen Vorteil der Bürger.
Gesetze	• Gestaltungsspielräume werden verkleinert oder vergrößert.	• Erneuerbare-Energien-Gesetz: Die Einspeisung von Strom aus erneuerbaren Quellen ins Stromnetz garantiert den Erzeugern feste Einspeisevergütungen.
Subventionen	• Durch staatliche Beihilfe oder Zuwendung wird ein Bereich oder ein bestimmtes Verhalten gefördert.	• Finanzierungshilfen in Form des „Gründungszuschusses" zur Unterstützung von Unternehmensgründungen.
Preisfestsetzung (Preisbildung)	• Durch die Festlegung von Höchstpreisen oder von Mindestpreisen werden Arbeitssituationen verändert.	• Es wird ein Mindestlohn für bestimmte Arbeitsbereich eingeführt, um Niedriglöhne zu verhindern.

In der Sozialen Marktwirtschaft werden alle Entscheidungen von drei großen Gruppen getragen: Von (privaten) Haushalten, von Unternehmen und vom Staat. Jeder Akteur ist bei seinen wirtschaftlichen Handlungen an Normen und Regeln gebunden. Diese grenzen seine Handlungen ein oder beeinflussen sie zumindest.

Der Staat in der Sozialen Marktwirtschaft (2)

Wenn der Staat in dem Markt eingreift, weil dieser zu unerwünschten Ergebnissen führt, so muss er dies nach der Konzeption der Sozialen Marktwirtschaft mit „marktkonformen“ Maßnahmen tun. Das sind solche Maßnahmen, die die Märkte nicht blockieren, sondern nur ihre Ergebnisse verändern. Beispiele dafür sind Steuern und Subventionen. Sie verändern zwar das Verhalten der Marktteilnehmer, weil sie die Preise verändern, aber sie blockieren nicht die Funktionsweise des Marktes. Bei marktkonformen Eingriffen der Wirtschaftspolitik bilden sich die Preise nach wie vor durch Angebot und Nachfrage. Es bilden sich dabei aber andere Preise als ohne Steuern und Subventionen. Erinnert sei in diesem Zusammenhang daran, dass die Wirtschaftspolitik der ersten Wahl die Ordnungspolitik ist und nicht der Eingriff in das laufende wirtschaftliche Geschehen.

Die Aufgaben des Staates im Kontext der Sozialen Marktwirtschaft zeigen sich vor allem in der Wirtschaftspolitik. Diese bezeichnet alle politischen Aktivitäten, die die Prozesse in der Wirtschaft ordnen oder beeinflussen wollen. Das Grundziel der Wirtschaftspolitik ist die Erhöhung der Wohlfahrt in der Gesellschaft. Dabei gelten folgende Grundsätze als zentral:

1. Staatliche Eingriffe erfolgen nur in den Bereichen, in denen der Markt „versagt“. Marktversagen bezeichnet die Verfehlung der staatlichen Ziele.
2. Die Gestaltung der Wirtschaftspolitik basiert auf der Grundlage wissenschaftlicher Erkenntnisse.
3. Die Gestaltung der Wirtschaftspolitik folgt dem Grundsatz der Wirtschaftlichkeit. D. h., entweder ein bestimmter Erfolg wird mit dem geringstmöglichen Mitteleinsatz (Minimalprinzip) erzielt. Oder bei einem bestimmten Mitteleinsatz muss damit der größtmögliche Erfolg (Maximalprinzip) erzielt werden.

1 Unterstreiche die wichtigsten Aussagen des Textes. Ordne dabei die Aussagen entweder dem Markt oder dem Staat zu, indem du verschiedene Farben benutzt.

2 Stelle die wichtigsten Aussagen übersichtlich in einem selbst entwickelten Schaubild dar.

3 Was darf und was muss der Staat tun? Formuliere konkrete Konsequenzen für staatliches Handeln auf dem Feld der „Sozialen Marktwirtschaft“.

Ungleichheit in Deutschland: Soziale Marktwirtschaft existiert nicht mehr!

Soziale Marktwirtschaft in der Kritik: Wohlstand nicht für alle

Soziale Marktwirtschaft verliert Vertrauen

Totengräber der Sozialen Marktwirtschaft

Der Wirtschaftsminister verbiegt die Soziale Marktwirtschaft

Ein Plädoyer für mehr Soziale Marktwirtschaft in der Energiewende

Soziale Marktwirtschaft: Zukunfts- oder Auslaufmodell?

1 Lest die Schlagzeilen durch. Benennt Gemeinsamkeiten und Unterschiede.

2 Analysiert eine Woche lang die Berichterstattung in eurer regionalen Zeitung. Welche Meldungen bzw. Berichte behandeln wirtschaftspolitische Ereignisse? Wird der Begriff soziale Marktwirtschaft verwendet? Notiert eure Ergebnisse in der Tabelle.

Wochentag	Meldung bzw. Bericht	Kurzbeschreibung des Inhalts	Bezug zur Sozialen Marktwirtschaft
Montag			
Dienstag			
Mittwoch			
Donnerstag			
Freitag			
Samstag			
Sonntag			

Soziale und ökologische Marktwirtschaft (1)

Annabel Wahba: Ich muss mein Leben ändern (Teil 1)

Der Eimer ist randvoll, der Geruch der übliche, und auch das schlechte Gewissen über die unglaubliche Menge an Müll, die wir Eltern mit unserem zweijährigen Kind produzieren, ist wieder da. Wir verbrauchen etwa fünf Papierwindeln am Tag, macht um die 5 000, bis unsere Tochter keine mehr braucht. Jede davon benötigt über 300 Jahre, um zu verrotten – zumindest diesen Sondermüll hinterlassen wir unseren Nachfahren, wenn wir sonst schon nichts zu vererben haben. [...]

Ich weiß schon länger, dass ich mich belüge, wenn ich mir einrede, ich verhielte mich doch eigentlich völlig korrekt, bloß weil ich meine Lebensmittel im Bioladen kaufe, Ökostrom beziehe und schon mal einen Text über die Ausbeutung von Billigarbeitern geschrieben habe. Jetzt geht das Gefühl, dass ich endlich etwas ändern muss, zu tief, als dass ich es wieder verdrängen könnte. Ich fasse einen Entschluss: Im kommenden Jahr will ich endlich ethisch korrekt leben, kein Klimakiller mehr sein und kein Nutznießer billiger Arbeitskräfte. Auch meine Versicherungen und meine Bank will ich unter die Lupe nehmen, einfach jeden Bereich des Alltags. [...]

Meine erste Feuerprobe kommt im Februar. Eine Freundin und ich haben beschlossen, mal wieder ein Wochenende zusammen zu verreisen. Sie schlägt ein Ziel vor, an dem mit etwas Glück die Sonne scheint – Lissabon. Eine Stadt, die ich immer schon kennenlernen wollte. Es gibt nur ein Problem: mein CO_2-Konto. [...]

Es gibt ein Buch, das ganz gut zu meinem Vorhaben passt, auch wenn es schon 40 Jahre alt ist: der Bestseller Small is Beautiful. Darin kritisiert der Wirtschaftswissenschaftler Ernst Friedrich Schumacher die Vergötterung des Gigantismus und entwirft das Modell einer buddhist economy. Unendliches Wachstum mit endlichen Ressourcen, das könne auf Dauer nicht funktionieren, schreibt Schumacher. Stattdessen plädiert er für eine Philosophie der Genügsamkeit, Konsum sei kein Selbstzweck, echter Wohlstand nicht am Kontostand ablesbar. Seine Thesen erscheinen mir sehr plausibel. [...] Während ich als Teenager Löcher in meine Hosen riss, um meinem Protest Ausdruck zu verleihen, riss ich als Erwachsene Löcher in mein Bankkonto, um mir eine Tasche von Chloé zu kaufen (allerdings im Schlussverkauf) und Lackpumps von Marc Jacobs. Ich erinnere mich noch, wie ich an der Kasse stand und der Verkäuferin sagte, dass ich die teuren Schuhe einmal an meine Tochter vererben würde. Leider gingen sie kurz darauf kaputt, der Lack riss ein. Nach dieser Erfahrung beginne ich im Sommer bei Einkäufen darauf zu achten, wo die Kleidungsstücke produziert werden, und stelle fest, dass auch Designerkleider „made in China“ oder „made in India“ sein können. Daraufhin beschließe ich, erst mal gar nichts mehr zu kaufen. Meine Konsumverweigerung hält einige Monate an. [...] Mein Freund geht seitdem lieber alleine einkaufen. Nach einiger Zeit findet er allerdings, dass es auch für mich an der Zeit sei, mal wieder was Neues zum Anziehen zu erstehen. Ich bin ratlos, wo ich hingehen soll. Ein Kollege empfiehlt mir, mich an Kirsten Brodde zu wenden, die für Greenpeace arbeitet und Spezialistin ist für ökologisch und fair produzierte Mode. Auf ihrer Website www.kirstenbrodde.de hat sie „grüne Listen“ erstellt mit bundesweit knapp 40 auf Ökomode spezialisierten Läden und über 100 deutschen Labels und Designern. Sollte ich mir also am besten nur noch Mode „made in Germany“ kaufen? „Das allein sagt nichts darüber aus, ob die Kleidung sauber produziert ist“, sagt Brodde, „denn der Stoff kommt ja nicht unbedingt aus Deutschland.“ Ein erster Schritt sei, auf Biobaumwolle zu achten. Dann müsse der Stoff ja aber auch noch gewebt und gefärbt, bedruckt und beschichtet werden – und dabei wird die Umwelt besonders belastet. „Die Textilindustrie ist zu einem Großteil verantwortlich dafür, dass in China rund 70 Prozent der Flüsse verschmutzt sind“, sagt sie. [...]

Wenn man einmal angefangen hat mit dem ethisch korrekten Leben, gibt es kein Zurück mehr.

1 Tragt zusammen, welche Lebensbereiche vom „Nachhaltigkeitsansatz“ der Autorin betroffen sind, und stellt weitere zusammen, die eurer Meinung nach auch dazugehören, aber noch nicht genannt wurden.

Annabel Wahba: Ich muss mein Leben ändern (Teil 2)

Es ist, als habe man eine Parallelwelt der Gutmenschen betreten, in der hinter jeder Tür, die man öffnet, eine weitere liegt. Der Ökoversand Hessnatur hat das erkannt und steckt in seine Pakete ein halbes Dutzend Prospekte anderer ökologisch-ethischer Unternehmen. So stoße ich auf den Anlageberater Cordt Würdemann. [...] [W]as die Bank anbelangt, könne ich noch einiges tun, meint Würdemann. Er empfiehlt mir eine Nachhaltigkeitsbank, die ausschließlich in Umwelt, Soziales und Kultur investiert. [...] [Mir] errechnet Cordt Würdemann noch, wie hoch meine Rente mit 67 sein müsste, damit ich meinen heutigen Lebensstandard halten kann. Dabei deckt er eine Versorgungslücke auf: Mir fehlt eine halbe Million Euro, anzusparen in den nächsten 26 Jahren. Wie soll ich dieses Geld zusammenbekommen? Ich sehe mich als Rentnerin mit meinen ebenso armen Freunden in einer Landkommune hausen, wo wir uns selbst versorgen. Eine Vorstellung, die vielleicht gar nicht so absurd ist. Kultursoziologen sprechen seit Langem von der Rückkehr der Nutzgärten: Sie seien für Arbeitslose und Senioren sinnvoll, weil die damit einen Teil ihrer Lebensmittel selbst herstellen und ihre Zeit sinnvoll verbringen können. [...]

Eines ist bislang zu kurz gekommen bei meinem Ethik-Experiment: die Frage, wie viel ich von meinem Geld an Leute gebe, die es dringender brauchen als ich. Man denkt ja immer, die Reichen sollen spenden. Nur, ab wann ist man reich? Wenn ich auf mein Bankkonto sehe, finde ich: Ich bin es nicht! Andererseits, wie schnell gebe ich Geld aus für ein Paar Stiefel, das mir gefällt, das ich aber eigentlich gar nicht brauche? [...]

Wenn ich nun nach fast einem Jahr Bilanz ziehe – was hat sich in meinem Leben verändert? Am deutlichsten mein Konsumverhalten. Es gibt sogar in Berlin nur wenige Läden, in denen ich für mich selbst noch Kleidung kaufen kann. Aber wenn man die Hürde, die man sich gesetzt hat, erst mal genommen hat, dann ist es ganz einfach: Ich bringe es nicht mehr fertig, mir noch billige T-Shirts zu kaufen, in denen „made in Bangladesh" steht. Stattdessen kaufe ich lieber ein T-Shirt für 20 Euro von den armed angels, einem Label für fair und nachhaltig produzierte Mode. [...]

Vor ein paar Tagen sah ich ein Plakat an einer Litfaßsäule, ein Einkaufswagen mit Engelsflügeln war darauf, Werbung für eine Messe für nachhaltigen Konsum. Sie nennt sich „Heldenmarkt" – Weltverbesserer loben sich gerne selbst. Ich frage mich, ob Konsum überhaupt nachhaltig sein kann. Eines weiß ich nach dem letzten Jahr aber gewiss: Helden sind wir noch lange nicht.

2 Allumfassender nachhaltiger Konsum stößt an seine Grenzen, wie auch die Autorin gegen Ende ihres Textes kritisch in den Raum stellt. Formuliert diese Grenzen und wägt ab, wie weit ihr zu gehen bereit wärt.

3 Es werden verschiedene Organisationen rund um einen nachhaltigen Lebensstil angesprochen. Recherchiert dazu weitere Informationen, findet ähnliche Initiativen und stellt diese eurer Klasse vor. Vielleicht ist ja ein Besuch einer regionalen Nachhaltigkeitsinitiative in eurer Nähe möglich.

4 Lässt sich der hier skizzierte Nachhaltigkeitsgedanke mit dem vereinbaren, was ihr über die Soziale Marktwirtschaft wisst? Diskutiert diese Frage in Gruppen und vertretet das Ergebnis in einer Plenumsdiskussion zum Thema „Soziale und nachhaltige Marktwirtschaft" mit der gesamten Klasse.

Das sogenannte „Greenwashing“ (1)

Greenwashing: Grünes Mäntelchen für schwarze Schafe (Teil 1)

Ein freundlich lächelnder grüner Riese stapft munter durch die Landschaft. Zu beschwingter Musik pflanzt er Blumen und pustet graue Wolken beiseite. Der Riese ist auf Umweltschutz und Nachhaltigkeit bedacht: Er setzt Windräder in die Landschaft, baut Gezeitenkraftwerke, hilft, Braunkohle abzubauen, und rollt auf den ehemaligen Abbauflächen Rasen aus. Doch der „Energieriese“ ist nur eine Erfindung – in jeder Hinsicht. Er kümmert sich nicht nur um die Umwelt, sondern auch darum, dem Stromkonzern RWE ein grüneres Image zu verpassen. Ist dem Unternehmen Greenwashing vorzuwerfen?
Greenwashing bezeichnet fragwürdige Werbung und PR eines Unternehmens, das umweltfreundliche Leistungen, Aktivitäten oder Produkte öffentlich hervorhebt. Einzelne Aussagen über ein umweltfreundliches Verfahren des Unternehmens sind meist für sich genommen korrekt, betreffen aber nur einen geringen Teil der Unternehmensaktivitäten. Dass das Kerngeschäft eben nicht so „grün“ ist, wird verschwiegen. Klimaschonende Produkte sind ein wichtiger Marktfaktor geworden: Vermehrt greifen Verbraucher zu Produkten, die der Umwelt weniger schaden. Auch die Unternehmen haben das bemerkt und so wird das Thema Nachhaltigkeit immer häufiger für das Produkt- und Firmenmarketing eingesetzt. Sich und seine Produkte in der Öffentlichkeit grüner darzustellen als man wirklich ist, ist bei vielen großen Firmen beliebter denn je. Und Verbraucher fallen reihenweise auf die grüne Masche der Unternehmen rein. Doch wie kann man zwischen Schein und Sein unterscheiden? Wo hört ehrliche Werbung auf und wo beginnt Verbrauchertäuschung? Das sind zwei kaum zu beantwortende Fragen, sogar für Experten, wie Immo Terborg von der Verbraucherzentrale Hamburg: „Greenwashing ist schwer zu erkennen, nicht alles ist Lug und Trug. Aber natürlich gibt es überall ein paar schwarze Schafe.“ Der Verbraucher ist also in jedem Fall selbst angehalten sich vor dem Kauf genauer zu informieren: „Man sollte Aussagen wie ‚klimaneutral‘, ‚umweltfreundlich‘ und ‚klimaschonend‘ nicht unbedingt trauen. Der Verbraucher muss sehr genau hinschauen und auch Angebote vergleichen.“ Die bundesweite Klima-Kampagne der Verbraucherzentralen „für mich. für dich. fürs Klima“ im letzten Jahr hatte es sich zum Ziel gemacht, den Verbraucher in seinem Bemühen um ein klimafreundliches Verhalten zu stärken und für den Klimaschutz zu sensibilisieren. Im Zuge dessen führten alle 16 Verbraucherzentralen eine Anbieterkontrolle hinsichtlich der Klimafreundlichkeit durch, bei der es weniger um die Imagewerbung, als um die Produktwerbung ging. Das klare Ergebnis: Produkte werden in der Werbung häufig grüner dargestellt, als sie in Wirklichkeit sind. Die Folge waren circa 350 Verfahren wegen unlauterer Werbung, aber auch wegen Verstößen gegen diverse EU-Kennzeichnungsverordnungen von Elektrogeräten. Diese hohe Zahl kann Verbraucherschützer Terborg einfach erklären: „Einige Unternehmen hatten einfach nur fahrlässig gehandelt und die Effizienzklassen für ihre Elektrogeräte nicht geändert.“ Bei diesen Unternehmen ist nicht unbedingt eine unlautere Intention ersichtlich. Bei vielen anderen Unternehmen konnte man aber eine klare Absicht erkennen. [...] Natürlich können auch Konsumenten etwas tun und Fälle von Greenwashing direkt bei der zuständigen Verbraucherzentrale melden. Zudem sollten sich Unsichere beispielsweise vor dem Einkauf von Elektrogeräten auf einschlägigen Seiten im Internet, wie dem Öko-Institut, informieren.

1 Erläutert ausgehend vom Text den Begriff „Greenwashing“.

2 Erklärt, auch mithilfe der Aussagen im Text, die unternehmerische Strategie, die hinter dem „Greenwashing“ steht.

3 Bewertet den Umstand, dass mit Umweltargumenten geschäftlicher Erfolg möglich zu sein scheint, und findet eine eigene Position dazu.

Das sogenannte „Greenwashing“ (2)

Greenwashing: Grünes Mäntelchen für schwarze Schafe (Teil 2)

„Das Ökoinstitut macht seine Ergebnisse jedes Mal der Öffentlichkeit zugänglich, um die Verbraucher für diese Themen zu sensibilisieren und ihnen eine Hilfestellung bei der Kaufentscheidung zu bieten.“ Die Ergebnisse gehen mit Einkaufs-Tipps und Hinweisen auf entsprechende Ranking-Listen einher. Dass RWE mit seiner Geschichte vom Energieriesen Greenwashing betrieben hat, ist unstrittig. Der Konzern wirkt durch die Kampagne umweltbewusst und grün, tatsächlich lag der Anteil der erneuerbaren Energien bei der Stromproduktion im Jahr 2010 aber bei gerade einmal 4,0 Prozent. Doch auch wenn die Kampagne Wellen schlug, juristisch vorgehen kann man bis jetzt nur gegen konkrete Produktwerbung. Sich in der Öffentlichkeit ein grünes Mäntelchen umzuhängen bleibt den Firmen bis auf Weiteres erlaubt.

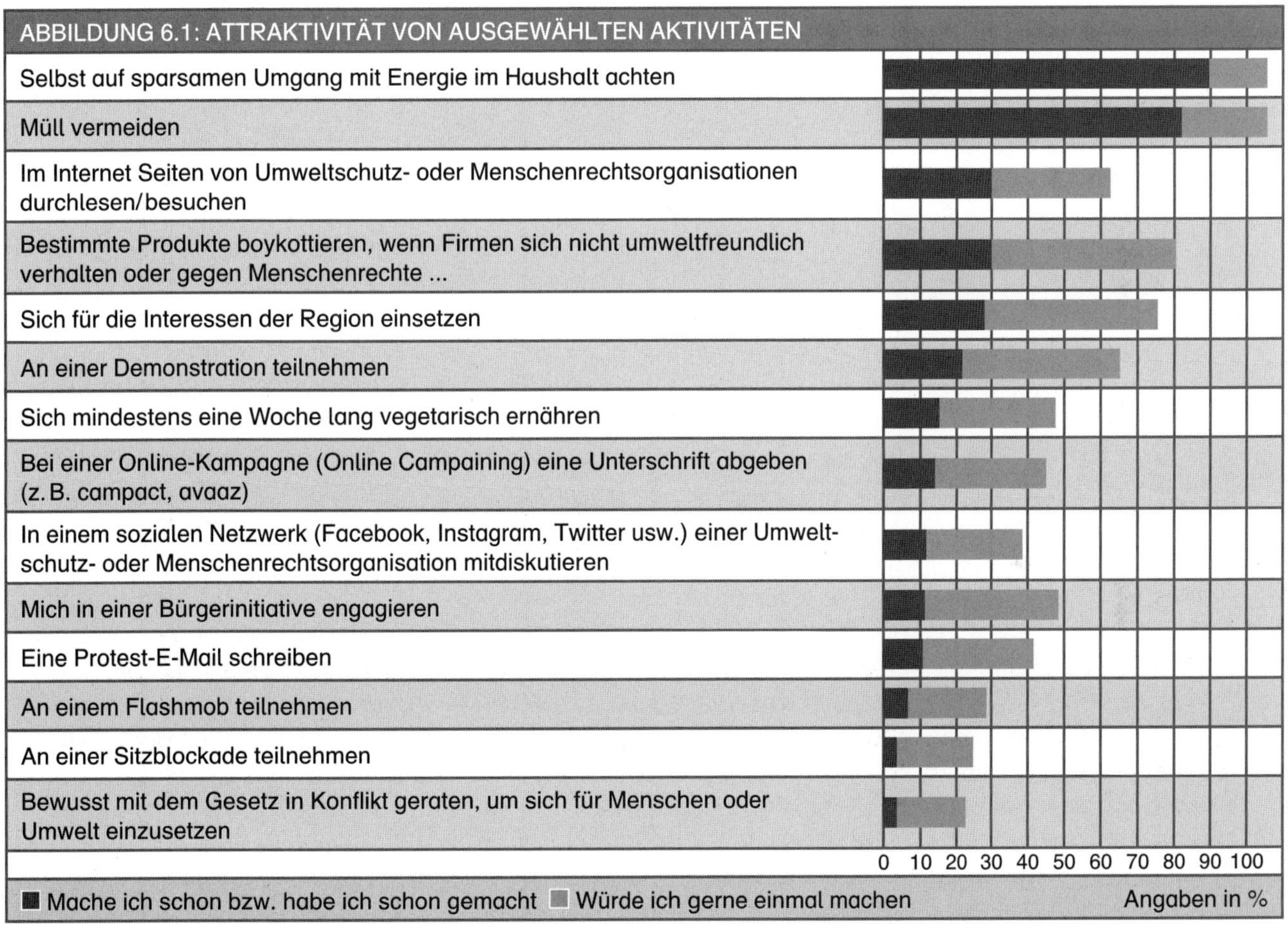

4 Analysiert den Auszug aus dem „Greenpeace Nachhaltigkeitsbarometer“ und beurteilt im Vergleich dazu euer persönliches Nachhaltigkeitsbewusstsein. Erörtert die Ergebnisse in der Klasse.

5 Erwägt, ob die im „Nachhaltigkeitsbarometer“ vorgestellten Mittel Wettbewerbsverzerrungen wie das „Greenwashing“ verhindern können.

6 Formuliert Verbraucherleitlinien zur Aufdeckung von „Greenwashing“ und um verantwortungsbewusste Kaufentscheidungen zu treffen.

Didaktisch-methodische Hinweise

Das folgende Kapitel nimmt schlaglichtartig einzelne Schritte in der Geschichte der Sozialen Marktwirtschaft in den Blick. Der Fokus liegt hierbei insbesondere auf den für die Durchsetzung entscheidenden Personen. Das Thema Geld, d.h. konkret die Deutsche Mark und Bargeld, ist auch im Rückblick nahezu mystifiziert und soll in den Zusammenhang mit Ludwig Erhard und den „goldenen Fünfzigern" gestellt werden.

Unterrichtseinheit 3:

Ⓚ Sachkompetenz, Wahrnehmungskompetenz, Deutungskompetenz, Kommunikationskompetenz

Grundsätzlich soll mit dieser Unterrichtseinheit deutlich werden, dass historische Entwicklungen immer auch mit Personen verbunden werden können. Allerdings soll sich dies nicht in reine Textarbeit erschöpfen. So stellt die Aufgabe auf dem Arbeitsblatt **„Alfred Müller-Armack" (S. 17)**, die Kernaussagen Müller-Armacks grafisch umzusetzen, eine weitere Reflexionsstufe dar.
Die Bedeutung des Geldes wird auf dem Arbeitsblatt **„Geld" (S. 18f.)** in einem Schreibgespräch nachvollzogen.
Ludwig Erhard soll auf dem Arbeitsblatt **„Ludwig Erhard" (S. 20f.)** nicht nur in seiner Bedeutung für die Soziale Marktwirtschaft, sondern auch als „Geldmarktpolitiker" verstanden werden. Wichtig ist zudem eine Aktualisierung hin in die heute Zeit.

Alfred Müller-Armack

„Ziel der Sozialen Marktwirtschaft ist es, auf der Basis der Wettbewerbswirtschaft die freie Initiative mit einem gerade durch die marktwirtschaftliche Leistung gesicherten sozialen Fortschritt zu verbinden.“ Diese etwas umständliche Darstellung stammt nicht etwa von Ludwig Erhard, der gemeinhin als „Vater“ der Sozialen Marktwirtschaft gilt. Der Verfasser ist vielmehr Alfred Müller-Armack. In seinem Buch: „Wirtschaftslenkung und Marktwirtschaft“ beschreibt er 1946 zum ersten Mal den Begriff „Soziale Marktwirtschaft“. […] Der „verantwortliche“ Mensch ist Ausgangspunkt in Müller-Armacks Konzept. Verantwortung kann nur derjenige tragen, der Freiräume zur Entfaltung hat. Verantwortung setzt daher Freiheit voraus; und die garantiert am besten eine Marktwirtschaft, die ja nur funktioniert, wenn Freiheitsrechte garantiert sind: Berufsfreiheit, Niederlassungsfreiheit, Vereinigungsfreiheit. Der „verantwortliche“ Mensch, der seine Persönlichkeit frei entfalten kann, ist jedoch gleichzeitig das zentrale Problem der Sozialen Marktwirtschaft. Müller-Armacks Schlussfolgerung, dass Freiheit die Voraussetzung für Verantwortung sei, erzwingt den Umkehrschluss, dass Verantwortung eine Voraussetzung für Freiheit ist. Wie aber kann die Gesellschaft von ihren Mitgliedern verantwortliches Handeln einfordern? […] Für Müller-Armack waren Markt- und Sozialprinzip […] grundsätzlich gleichrangig. Er bezeichnete sein Konzept als „gesellschaftliche Versöhnungsidee“, als eine „irenische“, eine friedensstiftende Formel für eine Sozialpartnerschaft in der Gesellschaft. Er vertrat das über die Subsidiarität hinausgehende Solidaritätsprinzip, das Lasten für den einzelnen auf alle verteilt. […] Müller-Armack will eine „soziale Betriebsordnung“, die eine Mitbestimmung der Arbeitnehmer gewährleistet und sie, etwa durch Kleinaktien, am Betriebserfolg beteiligt. Der Staat soll die Arbeitnehmer durch eine an der Konjunktur orientierte Beschäftigungspolitik gegen Krisen absichern. Familienzuschüsse, sozialer Wohnungsbau, ein Ausbau der Sozialversicherung sowie Mindestlöhne sollen vermeiden, dass die Gesellschaft ihre Kräfte in sozialen Konflikten verschwendet. Eventuell notwendige staatliche Eingriffe in die Wirtschaft müssen, so Müller-Armack, jedoch stets „marktkonform“ sein. Sie dürfen also die Selbststeuerung des Marktes über die Preise nicht aufheben. Subventionen, Lohn- und Preisstopps oder auch Zwangsmonopole sind nicht zulässig. Einer der Gründe für den Erfolg der Sozialen Marktwirtschaft war, dass sie „kein ein für allemal feststehendes, statisches Konzept“, sondern ein „der Ausgestaltung harrender progressiver Stilgedanke“ war, wie Müller-Armack selbst es ausdrückte. In der Zeit des Wiederaufbaus musste vor allem die Grundversorgung der Bevölkerung gesichert werden. Doch bereits Ende der fünfziger Jahre war Müller-Armack klar, dass eine Wirtschaftspolitik, die nur auf Güterversorgung ausgerichtet war, den besseren Lebensbedingungen nicht mehr gerecht wurde. 1960 stellte der Ökonom daher seine Konzeption der „zweiten Phase der Sozialen Marktwirtschaft“ vor. Viele der darin angestrebten Ziele waren zwar bereits in dem ursprünglichen Konzept enthalten, sie sollten jetzt aber stärker im Vordergrund stehen. Der Aufgabenkatalog für den Staat war vielfältig und erstaunlich weitsichtig: verstärkte Investitionen in Wissenschaft, Forschung und Erziehung; Förderung von Selbstständigkeit; der Mensch als „Mittelpunkt der industriellen Arbeit“; eine umfassende Umweltpolitik; Strukturpolitik durch Anpassungshilfen; europäische Integration; Entwicklungshilfe. […] Das Konzept der „zweiten Phase“ scheiterte aber auch an seinen inneren Widersprüchen. Für Müller-Armack standen wirtschaftliche und gesellschaftliche Stabilität in einem Spannungsverhältnis, das nach seiner „irenischen Formel“ aufgelöst werden sollte. So fordert er beispielsweise die staatliche Förderung von Eigenheimen, die die soziale Stabilität begünstigen sollte. Eigene vier Wände halten aber viele davon ab, Arbeitsplatz und Wohnort zu wechseln, auch wenn es notwendig wäre. Eine rechtzeitige Anpassung an den Wandel der Wirtschaftsstrukturen wird somit behindert – und damit wiederum die wirtschaftliche Stabilität. Gleichzeitig wird das eigentliche Ziel der staatlichen Bauförderung, die gesellschaftliche Stabilität, durch Arbeitslosigkeit gefährdet. Ähnliche Widersprüche finden sich an mehreren Stellen des Konzepts […].

1 Formuliert die Kernaussagen Alfred Müller-Armacks.

2 Entwickelt eine grafische Darstellung, die diese Kernaussagen auf einen Blick verdeutlicht.

Geld (1)

Geld, insbesondere Bargeld, hat für viele Menschen eine ganz besondere Bedeutung. Man kann deshalb durchaus nachvollziehen, dass Ludwig Erhard nicht nur als Vater der Sozialen Marktwirtschaft, sondern auch als Vater der D-Mark noch heute höchstes Ansehen genießt.

Geld (2)

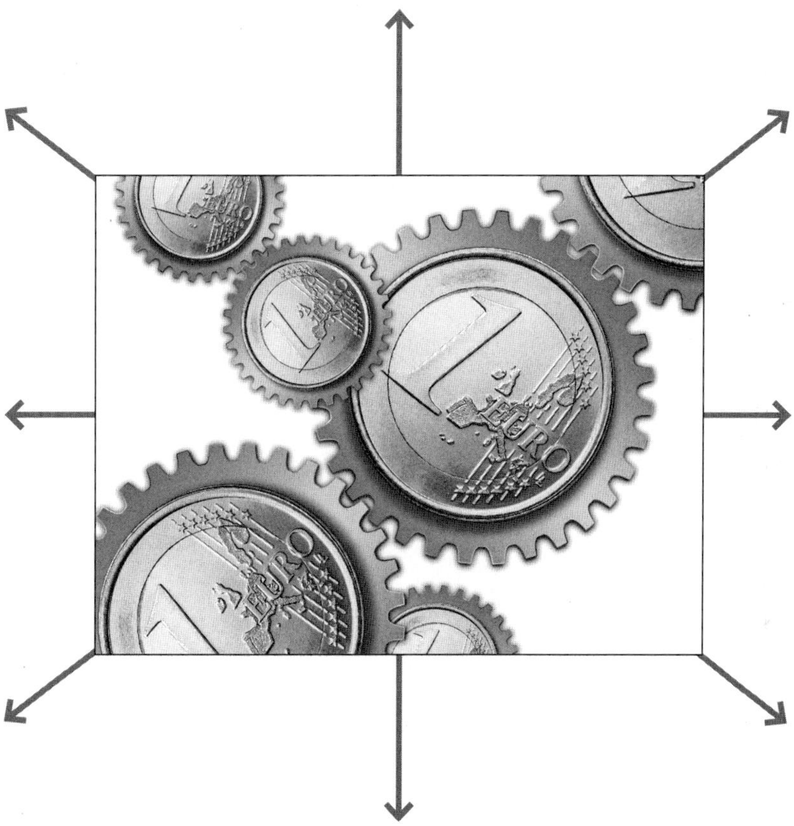

Führt zu den Bildern ein Schreibgespräch durch:
Arbeitet in Vierergruppen zusammen. Zunächst notieren zwei Gruppenmitglieder, was ihnen beim Betrachten des Bildes spontan durch den Kopf geht. Dann reichen sie das Blatt an die beiden anderen Gruppenmitglieder weiter, die entweder einen neuen Aspekt hinzufügen oder zu einem notierten Punkt Stellung nehmen können. Dann wird das Blatt wieder zurückgereicht etc., sodass ihr am Schluss ein schriftliches Gespräch über die vorliegenden Bilder geführt habt.

Ludwig Erhard und die D-Mark

„Wohlstand für alle“ kann als Überschrift für die Bundesrepublik Deutschland zur Zeit des Wirtschaftswunders gelten. Dieses Motto ist untrennbar verknüpft mit der Person Ludwig Erhard.
Ludwig Erhard wird 1897 in Fürth geboren. Stationen seines Lebens sind die Realschule, eine kaufmännische Lehre, der Erste Weltkrieg, in dem er als Soldat eine schwere Kriegsverletzung erlitt, ein Studium der Betriebswirtschaft und Soziologie in Nürnberg und Frankfurt sowie eine kurze Beschäftigung im elterlichen Textilwarenladen. Von 1928 bis 1942 arbeitet er am „Institut für Wirtschaftsbeobachtung der deutschen Fertigware“ in Nürnberg, um anschließend das „Institut für Industrieforschung“ zu gründen.
Schon 1944 macht Erhard sich im Zuge seiner Mitarbeit beim „Kleinen Arbeitskreis der deutschen Industrie“ Gedanken über den ökonomischen Wiederaufbau nach einem von den Denkern dieses Kreises erwarteten verlorenen Krieg. Ludwig Erhard verfasst im Geheimen das Traktat „Kriegsfinanzierung und Schuldenkonsolidierung“. Direkt nach Ende des Krieges wird Ludwig Erhard Wirtschaftsminister in Bayern, 1947 Mitglied der „Sonderstelle Geld und Kredit“. Er ist bedeutend beteiligt an der durch die Amerikaner durchgesetzten Währungsreform und wird 1947 „Direktor der Verwaltung für Wirtschaft des Vereinigten Wirtschaftsgebiets“. Damit ist er de facto Wirtschaftsminister der formal noch nicht existierenden Bundesrepublik. Ziel seiner Tätigkeit liegt insbesondere in der Stärkung der Konsumgüterindustrie und er setzt z. B. das Bezugsscheinsystem für viele Bereiche des täglichen Konsums aus. Zugleich hebt er die Preisbindung fast vollständig auf, um damit eine Freie Marktwirtschaft zu erreichen. Angebot und Nachfrage bestimmen den Preis. Allerdings führt das zunächst zu einer starken Inflation. Die D-Mark verliert rasch einen beträchtlichen Teil ihres Wertes, sorgt damit für enorme Preissteigerungen und ist letztlich die Verursacherin des Generalstreiks am 12.11.1948. Dieser bleibt allerdings der einzige Generalstreik der Nachkriegszeit. Ludwig Erhard hält eine Bewährung der neuen Währung unter echten marktwirtschaftlichen Bedingungen für notwendig und wünschenswert. Er bringt den Begriff Soziale Marktwirtschaft in die zunächst ökonomische dann auch politische Diskussion ein und unterstützt damit zum einen die Freiheit der Wirtschaft, der aber die Kontrollfunktion und Regulierungsautorität des Staates zur Seite gestellt wird.
„Wohlstand für alle“ bedeutet, dass allzu unsoziale Auswirkungen marktwirtschaftlichen Handelns abgemildert werden müssen. Dies allerdings geht manchen sozialdemokratischen Politikern der Zeit nicht weit genug. Sie fürchten einen zu geringen Stellenwert sozialen Ausgleichs und starke linke Kräfte wünschen ein eher sozialistisches Modell für die neu gegründete Bundesrepublik Deutschland. Dies bedeutet eine strenge Kontrolle ökonomischen Agierens durch staatliche Institutionen, mithin einen lenkenden und intervenierenden Staat.
Die politische Seite Erhards verfolgt ein marktwirtschaftliches Konzept und setzt dies trotz anfänglicher Schwierigkeiten auf dem Feld der Konsumgüterindustrie auch durch. Diese hängen mit einer weiteren Priorisierung der USA zusammen, die angesichts der weltweiten Krisen, etwa ihrem Engagement in Korea sowie dem eisiger werdenden Kalten Krieg, Rüstungsindustrie und Maschinenbau fördern. Auch die Amerikaner verfolgen also ein eher lenkendes Konzept hinsichtlich der Rolle des Staates, was durch Ludwig Erhard abgelehnt wird. Im Gegenteil: Im Zuge des Ausbruchs des Koreakriegs (1950) entsteht in den USA durch die Konzentration der amerikanischen Wirtschaft auf die Rüstung ein Angebotsminus. Die innovativen

Ludwig Erhard (2)

Firmen der Bundesrepublik können diese Lücke marktwirtschaftlich nutzen und bieten ihre Produkte an. Da die Alliierten den Kurs mit 4,20 DM für den US-Dollar recht hoch ansetzen, können hier große Gewinne und Exportüberschüsse durch die Firmen der Bundesrepublik Deutschland erwirtschaftet werden. Auch der deutsche Wirtschaftsminister ist international orientiert. Er bemüht sich nicht nur national, wirtschaftsliberale Gedanken mit sozialer Abfederung zu verbinden, sondern strebt international eine Rückkehr Deutschlands in den Kreis der westlichen Nationen an. Die Bundesrepublik tritt verschiedenen Organisationen bei: der Montanunion, später Europäische Wirtschaftsgemeinschaft EWG, der Weltbank, dem Internationalen Währungsfonds IWF.

Im Inneren werden konkrete Maßnahmen ergriffen, um allzu große Härten im Gefolge marktwirtschaftlichen Handelns abzufedern, etwa durch die Förderung des sozialen Wohnungsbaus, der Abmilderung von Kriegsfolgen durch den sogenannten Lastenausgleich und der Verabschiedung verschiedener Rentengesetze. Hinzu kommen unterschiedliche Mitbestimmungsmodelle im Bereich der Wirtschaft, die auch den Arbeitnehmern gewisse Mitwirkungsrechte gestatten.

1963 wird Ludwig Erhard Konrad Adenauers Nachfolger als Bundeskanzler, nach der Wiederwahl 1965 tritt er jedoch 1966 vor dem Hintergrund einer ersten Wirtschaftskrise zurück. Wirtschaftswunderzeit und steiles Wachstum bleiben unter dem Motto „Wohlstand für alle" mit dem Namen Ludwig Erhard auch über seinen Tod im Jahr 1977 hinaus verbunden.

1 Formuliert die Kernideen Ludwig Erhards.

____

____

____

____

____

2 Benennt die Akteure, mit denen sich der deutsche Wirtschaftspolitiker auseinandersetzen musste.

____

____

____

____

3 Überlegt euch ein Szenario, das hätte entstehen können, wenn Ludwig Erhard gescheitert wäre. Entwickelt dieses Szenario bis zum heutigen Tage weiter: Wie sähe es in eurer Welt aus, gäbe es die Soziale Marktwirtschaft nicht?

4 Stellt euch vor, ihr müsstet anlässlich eines Jahrestags Ludwig Erhards eine Laudatio verfassen. Entwickelt fünf pointiert formulierte Leitthesen, mit denen ihr eure Rede würzt und zugleich strukturiert. Bedenkt dabei auch den Eindruck, den das Bild des Politikers auf euch macht.

Didaktisch-methodische Hinweise

Um sich dem komplexen Thema Wirtschaftspolitik zu nähern, benötigen die Schüler zuerst ein grobes Verständnis der Zusammenhänge in einer Volkswirtschaft. Dieses Kapitel gibt hier eine kurze Einführung in die Kreislauftheorie. Generell ist dieses Thema frühestens ab den Jahrgangsstufen 8 oder 9 geeignet, da den Jugendlichen sonst das notwendige Abstraktionsvermögen fehlt.

Unterrichtseinheit 4:

(K) Sachkompetenz, Wahrnehmungskompetenz, Deutungskompetenz, Urteilskompetenz

Die drei aufeinander aufbauenden Arbeitsblätter für diese Unterrichtseinheit entwickeln sukzessive den vollständigen Wirtschaftskreislauf.
Das Arbeitsblatt **„Wirtschaftskreislauf I" (S. 23f.)** gibt eine kurze Hinführung zur Notwendigkeit der Modellbildung in der Volkswirtschaftslehre und entwickelt davon ausgehend zuerst das 2-Sektorenmodell, in dem es nur die Sektoren private Haushalte und Unternehmen gibt. Schnell wird klar, dass dieses Modell die Realität nur sehr unzureichend abbildet, da es sich hierbei um ein stationäres Modell handelt. Daraufhin wird das Modell durch den Sektor Vermögensveränderungen zum 3-Sektoren Modell einer evolutorischen Volkswirtschaft erweitert. Der Sektor Vermögensveränderungen dient zum Verrechnen und Anzeigen der Spartätigkeit der Haushalte sowie der Investitionstätigkeit der Unternehmen.
Das Arbeitsblatt **„Wirtschaftskreislauf II" (S. 25)** erweitert den Kreislauf um den Sektor Staat. Anhand der grundlegenden Informationen ergänzen die Schüler den neuen Sektor mit den zusätzlichen Strömen in das bisherigen Modell. Hierbei sei angemerkt, dass im Sinne der didaktischen Reduktion auf eine Unterteilung in indirekte und direkte Steuern sowie auf die Unterteilung von Subventionen an Unternehmen und Transferzahlungen an Haushalte verzichtet wird. Ein weiterer Schwerpunkt dieses Arbeitsblattes liegt auf dem Thema Steuern.
Das Arbeitsblatt **„Wirtschaftskreislauf III" (S. 26)** erweitert das Kreislaufmodell schließlich auf seine endgültige Form einer evolutorischen, offenen Volkswirtschaft mit staatlicher Aktivität.

In Deutschland gibt es ca. 83 Mio. Einwohner (Stand 2017), diese leben in ca. 41 Mio. Privathaushalten. Es gibt ca. 3,6 Mio. Unternehmen. Tag für Tag befindet sich die Wirtschaft im Kreislauf, sei es beim Einkaufen, beim Arbeiten, beim Sparen, beim Abheben oder beim Einzahlen von Geld. Eine Darstellung dieser wirtschaftlichen Vorgänge zu entwickeln scheint gänzlich unmöglich.

Um diese komplexe Realität trotzdem analysieren zu können, bilden Volkswirtschaftler Modelle – in diesem Fall das Modell des Wirtschaftskreislaufs. Dieses Modell muss auf der einen Seite so gestaltet sein, dass man damit auch umgehen und es verstehen kann (es muss also die Komplexität verringern), auf der anderen Seite sollte es aber möglichst viele Facetten unserer Wirtschaft möglichst realistisch abbilden (durch die Modellbildung sollen also nicht zu viele Informationen verloren gehen).

Die grundlegende Idee des Kreislaufmodells ist eine Zusammenfassung der einzelnen Akteure zu Sektoren und danach die Betrachtung von Geldströmen. Da jedem Güterstrom ein Geldstrom in dessen Wert entgegenläuft (z. B. kaufe ich ein Eis im Wert von zwei Euro und zahle dafür auch zwei Euro), genügt es, sich auf die leichter messbaren Geldströme als auf die Güterströme zu konzentrieren.

Alle Menschen, die in einem Haushalt leben, werden zu dem Sektor private Haushalte, kurz H, zusammengefasst. Auf der anderen Seite fasst man alle Unternehmen im Sektor Unternehmen, kurz U, zusammen. Die Unternehmen zahlen in Richtung Haushalte die Löhne und Gehälter (das sogenannte Faktoreinkommen, kurz FE). Im Gegenzug konsumieren die Haushalte Güter der Unternehmen, kurz C_H.

Generell gilt in diesem Modell, dass die Summe der Zuflüsse pro Sektor gleich der Summe der Abflüsse ist. In diesem Fall bedeutet das, dass die Haushalte alles verdiente Geld wieder in den Konsum umsetzen.

Da man nur die Geldströme betrachtet, ergibt sich folgendes Bild:

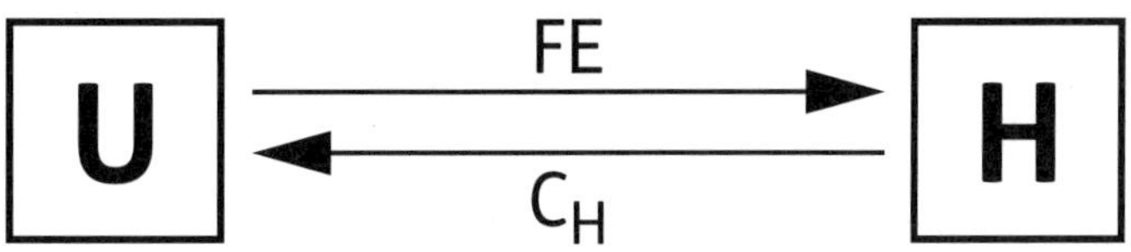

Kreislaufmodell 1: Geldströme zwischen Unternehmen und Haushalten

Nun ist es allerdings sehr unrealistisch, dass Haushalte ihr komplettes Einkommen auch wieder für den Konsum ausgeben – ein Teil wird, in welcher Form auch immer, gespart. Hierfür wird der Sektor Vermögensveränderungen (VV) eingeführt, der, im Gegensatz zu den beiden bisherigen Sektoren, keine realen Objekte wie Personen oder Unternehmen zusammenfasst. Dieser Sektor ist vereinfacht gesagt ein Konto, das die Vermögensveränderungen der Unternehmen und der privaten Haushalte in sich vereint.
Vermögensveränderungen bei Unternehmen ergeben sich durch Abschreibungen (Wertverlust z. B. von Maschinen, kurz D), diese verringern den Gewinn, der Pfeil führt also weg vom Unternehmenssektor.
Auf der anderen Seite investieren Unternehmen aber auch in ihre Anlagen (Bruttoinvestitionen, kurz I^{br}). Das Geld fließt in die Unternehmen, der Pfeil führt also zum Sektor U.
Die Haushalte konsumieren nur einen Teil ihres Einkommens, den Rest sparen sie (Sparen der Haushalte, kurz S_H), ein Geldstrom fließt in Richtung des Sektors Vermögensveränderungen.
Es ergibt sich folgende Darstellung des Kreislaufs:

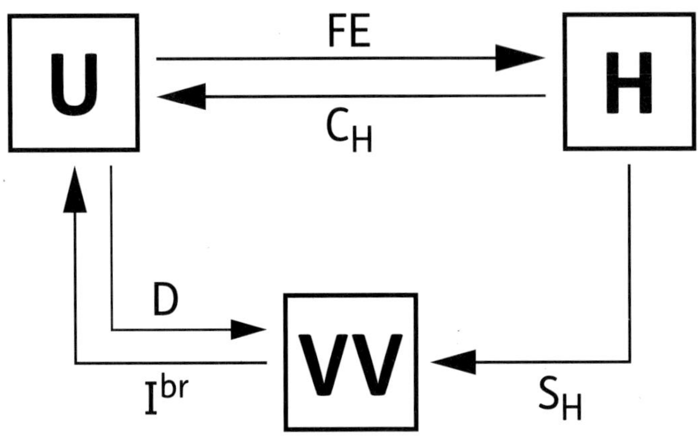

Kreislaufmodell 2: Geldströme mit Sektor Vermögensveränderungen

1 Beschreibe die Vor- und Nachteile einer Modellbildung.

2 Schätze und recherchiere, wie hoch die Sparquote, also der Teil des Faktoreinkommens, der gespart wird, in Deutschland ist.

3 Diskutiert, inwieweit das Kreislaufmodell 2 der wirtschaftlichen Realität entspricht. Notiert dabei fehlende Akteure oder Geldströme.

Wirtschaftskreislauf II

Steuereinnahmen nach Ertragshoheit	Haushaltsjahr in Mrd. €		Änderung gegenüber Vorjahr	
	2017	2016	in Mrd. €	in %
Gemeinschaftliche Steuern	547,4	516,4	31,0	6,0
Bundessteuern	99,9	104,4	–4,5	–4,3
Ländersteuern	22,2	22,3	–0,1	–0,6
Zölle	5,1	5,1	–0,1	–1,0
Steuereinnahmen insgesamt (ohne Gemeindesteuern)	**647,6**	**648,3**	**26,3**	**+4,1**

Abb. 1: Steuereinnahmen nach Ertragshoheit

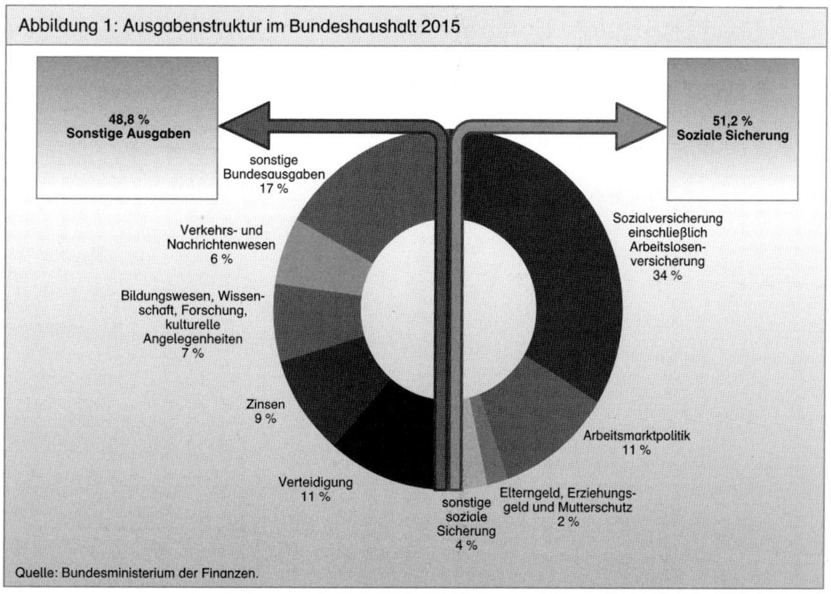

Abb. 2: Ausgabenstruktur im Bundeshaushalt 2015

Der Staat ist ein wichtiger Akteur im Wirtschaftskreislauf. Unternehmen und Haushalte zahlen an ihn Steuern und erhalten dafür wiederum Zuwendungen in Form von Subventionen und Unterstützungszahlungen. Der Staat selber konsumiert aber wiederum auch bei den Unternehmen. Übersteigen die Ausgaben des Staates die Einnahmen, so muss der Staat Kredite aufnehmen.

1 Erstelle eine Liste mit Steuerarten, die du bereits kennst. Zahlst du selber auch schon Steuern?

2 Die Steuereinnahmen des Sektors Staat teilen sich in verschiedene Kategorien ein (vgl. Abb. 1). Recherchiere im Internet typische Beispiele für jede Kategorie.

3 Beschreibe mithilfe von Abbildung 2, welche Ausgaben der Sektor Staat tätigt. Notiere dabei auch Beispiele für staatlichen Konsum.

4 Diskutiere mit einem Partner die Ausgabenstruktur des Staates (Abb. 2). Wo würdet ihr Änderungen vornehmen? Warum?

5 Ergänze das bisherige Kreislaufmodell um den Sektor Staat (St). Trage die Ströme Steuern (T), Staatlicher Konsum (C_{St}), Staatliche Kreditaufnahme (Kr_{St}) und Subventionen/Unterstützungszahlungen (Z) ein.

Wirtschaftskreislauf III

1 Analysiere die Bilder und beschreibe, warum es diese Art des wirtschaftlichen Handels im bisherigen Kreislaufmodell noch nicht gibt.

____

____

____

____

____

____

____

____

____

2 Ergänze in deinem bisherigen Kreislaufmodell den Sektor Ausland (A). Da wir uns in einem Modell befinden, wird davon ausgegangen, dass nur die Unternehmen mit dem Ausland Handel betreiben. Trage die Geldströme für die Exporte (X) und die Importe (I) in dein Modell ein. Da die Exporte selten den selben Wert wie die Importe habe, muss noch ein Geldstrom vom Sektor Vermögensveränderungen zum Ausland mit dem Differenzbetrag X – M führen.

3 Recherchiere, ob Deutschland (bzw. die EU) zurzeit mehr importiert oder mehr exportiert.

____

____

Didaktisch-methodische Hinweise

Bevor man über Richtungen, Denkweisen und wirtschaftspolitische Maßnahmen redet, ist es notwendig, eine Vorstellung von der Begründung und Zielsetzung der Wirtschaftspolitik zu bekommen. In diesem Kapitel wird zuerst aufgezeigt, warum Wirtschaftspolitik überhaupt notwendig ist. Anschließend wird die gesetzliche Grundlage des deutschen Zielsystems, das Stabilitätsgesetz, vorgestellt. Aus ihm heraus wird das magische Viereck abgeleitet, welches dann zum magischen Sechseck erweitert wird. Jedem wirtschaftspolitischen Ziel des magischen Sechsecks wird daraufhin ein eigenes Arbeitsblatt gewidmet.

Unterrichtseinheit 5:

Sachkompetenz, Kommunikationskompetenz, Deutungskompetenz, Urteilskompetenz

Das Arbeitsblatt **„Warum braucht man Wirtschaftspolitik?" (S. 29)** zieht einen Vergleich zwischen dem menschlichen Körper und dem Wirtschaftskreislauf. Anhand der Metapher „Krankheiten" wird den Schülern verdeutlicht, dass Wirtschaftspolitik immer dann eingreifen muss, wenn der wirtschaftliche Kreislauf unter Funktionsmängeln leidet. Nur dann ist Wirtschaftspolitik legitimiert. Auch wird hier bereits auf Grenzen bei der Umsetzung wirtschaftspolitischer Maßnahmen hingearbeitet. Diese werden später im Kapitel „Arten und Ansätze der Wirtschaftspolitik" (S. 37ff.)präzisiert.

Unterrichtseinheit 6:

Sachkompetenz, Kommunikationskompetenz

Der Artikel 1 des Stabilitätsgesetzes leitet das Arbeitsblatt **„Das Stabilitätsgesetz" (S. 30)** ein. Aus diesem ergeben sich unmittelbar die vier Ziele „angemessenes und stetes Wirtschaftswachstum", „Preisniveaustabilität", „hoher Beschäftigungsstand" und „außenwirtschaftliches Gleichgewicht".
Der Begriff „magisch" wird anhand der Zielkonkurrenz einzelner Ziele erarbeitet. Die Erweiterung zum magischen Sechseck wird von den Schülern diskutiert – in der Literatur finden sich noch anderweitige Vorschläge zum Erweitern des Modells, z. B. die Ziele „ausgeglichener Staatshaushalt", „gerechte Verteilung der Arbeit", „materieller Wohlstand", „ökonomische Nachhaltigkeit" oder „soziale Nachhaltigkeit".

Unterrichtseinheit 7:

Sachkompetenz, Wahrnehmungskompetenz, Kommunikationskompetenz, Deutungskompetenz, Urteilskompetenz

Die Arbeitsblätter dieser Unterrichtseinheit befassen sich mit den Zielen des magischen Sechsecks.
Das Arbeitsblatt **„Ziel: Hoher Beschäftigungsstand" (S. 31)** zielt nicht nur auf die Zielbegründung ab, sondern arbeitet auch auf eine Unterteilung der Arbeitslosigkeit in konjunkturelle, saisonale und strukturelle Arbeitslosigkeit hin. Aus Gründen der didaktischen Reduktion wurde in diesem Zusammenhang auf die friktionelle Arbeitslosigkeit verzichtet.
Das Arbeitsblatt **„Ziel: Preisniveaustabilität" (S. 32)** beinhaltet eine Internetrecherche zum Thema Preisniveaustabilitätsmessung auf den Seiten der Bundesbank bzw. der EZB. Über eine Karikatur werden den Schülern Probleme aufgrund eines steigenden Preisniveaus verdeutlicht.
Das Arbeitsblatt **„Ziel: Angemessenes und stetes Wirtschaftswachstum" (S. 33)** beinhaltet auch die Definition des Bruttoinlandprodukts sowie Grundlagen zum Konjunkturzyklus. Bei der Definition des BIP wird auf die Grundlagen des Kreislaufmodells zurückgegriffen. Damit ist dieses Arbeitsblatt auch das mit dem höchsten Anspruch bei der Bearbeitung.

Das Arbeitsblatt **„Ziel: Außenwirtschaftliches Gleichgewicht“ (S. 34)** ist didaktisch stark reduziert. Auf Messungen und Analysen mithilfe der Teilbilanzen der Zahlungsbilanz wird bewusst verzichtet und nur der vereinfachte Zusammenhang „Exporte = Importe“ aufgegriffen. Anhand eines Szenarios soll den Schülern die Zielbegründung verdeutlicht werden.
Das Arbeitsblatt **„Ziel: Gerechte Einkommensverteilung“ (S. 35)** bietet die Grundlage für eine Diskussion zu diesem Thema. Anhand von Schlüsselfragen nähern sich die Schüler dem Begriff „Einkommensgerechtigkeit“ an und unterscheiden diesen von „Einkommensgleichheit“.
Mit dem Arbeitsblatt **„Ziel: Erhalt einer lebenswerten Umwelt“ (S. 36)** erschließen sich die Schüler die Zielbegründung anhand von Abbildungen. Auch auf den Zusammenhang von Wohlstand und einer lebenswerten Umwelt wird hierbei eingegangen.
Die Arbeitsblätter dieser Unterrichtseinheit können auch arbeitsteilig an sechs Gruppen vergeben werden. Jede der Gruppen stellt in der Klasse ihr jeweiliges Ziel vor, der Schwerpunkt sollte dabei auf der Zielbegründung liegen. Möchte man zwischen den Gruppen auch leistungsbezogen differenzieren, so eignen sich die Arbeitsblätter **„Ziel: Hoher Beschäftigungsstand“ (S. 31)**, **„Ziel: Preisniveaustabilität“ (S. 32)** sowie **„Ziel: Angemessenes und stetes Wirtschaftswachstum“ (S. 33)** eher für die stärkeren Gruppen. Die Arbeitsblätter **„Ziel: Außenwirtschaftliches Gleichgewicht“ (S. 34)**, **„Ziel: Gerechte Einkommensverteilung“ (S. 35)** und **„Ziel: Erhalt einer lebenswerten Umwelt“ (S. 36)** sind eher für schwächere Gruppen geeignet.

Jugendarbeitslosenquote in Spanien bei über 40 %

Immer mehr Einzelhändler schließen wegen der Marktmacht der großen Einkaufsketten

Wirtschaftsforschungsinstitute sagen nur mäßiges Wirtschaftswachstum voraus

Smog in China: Luftverschmutzung erreicht neuen Rekord

Armutsbericht Deutschland: 58 % der Erwerbslosen von Armut bedroht

Noch immer keine vollständige Erholung der Wirtschaft nach der Finanzkrise

Streik – die Gewerkschaften fordern mehr Lohn

Türkei: hohe Preissteigerungsraten lassen den Kurs der türkischen Lira sinken

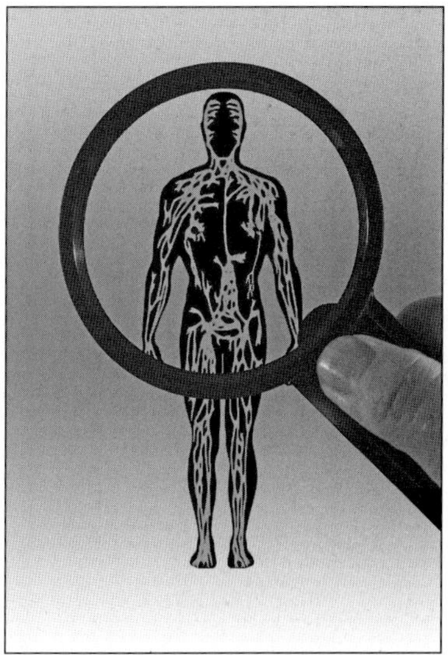

Die Wirtschaft kann auch mit dem Körper eines Menschen verglichen werden – wenn dieser gesund ist, muss man nichts unternehmen. Wird der Mensch allerdings krank und hat Beschwerden, so hat er zwei Möglichkeiten: Zum Einen kann er einfach abwarten, ob vielleicht von allein Besserung eintritt – bei leichten Beschwerden ist dies häufig der Fall. Zum anderen ist, vor allem bei schwereren Erkrankungen, der Gang zum Arzt vonnöten. Dieser kann für die jeweiligen Symptome Mittel verschreiben, die der Mensch dann einnimmt. In vielen Fällen werden dadurch die Beschwerden gelindert, wenngleich nicht immer unmittelbar. Manchmal muss man allerdings auch ein anderes Medikament ausprobieren und hoffen, dass dieses wirkt.
Genauso verhält es sich mit der Wirtschaftspolitik, die ebenso nötig ist, wenn die Wirtschaft nicht stabil läuft, die Menschlichkeit auf der Strecke bleibt oder sich ineffiziente Strukturen bilden. Dabei sind die Wirtschaftspolitiker wie Ärzte – sie haben Ideen, mit welchen „Medikamenten“ man die Lage verbessern kann – inwieweit die „Therapie“ jedoch funktioniert, bleibt offen.

1. Lies dir die Schlagzeilen und den Text durch. Beschreibe, welche „Wirtschafts-Krankheiten“ in den Schlagzeilen beschrieben werden, und diskutiere mit einem Partner, bei welchen du (aus der Sicht des jeweiligen Landes) zum „Arzt“ gehen würdest.

2. Erörtere gemeinsam mit deinem Partner mögliche Gründe, warum nicht jede „Therapie“ zum sofortigen Erfolg führen muss.

Das Stabilitätsgesetz

Auszug aus dem Gesetz zur Förderung der Stabilität und des Wachstums der Wirtschaft (Stabilitätsgesetz, kurz StabG) von 1967:

> **§ 1 StabG**
>
> Bund und Länder haben bei ihren wirtschafts- und finanzpolitischen Maßnahmen die Erfordernisse des gesamtwirtschaftlichen Gleichgewichts zu beachten. Die Maßnahmen sind so zu treffen, dass sie im Rahmen der marktwirtschaftlichen Ordnung gleichzeitig zur Stabilität des Preisniveaus, zu einem hohen Beschäftigungsstand und außenwirtschaftlichem Gleichgewicht bei stetigem und angemessenem Wirtschaftswachstum beitragen.

Begriffsdefinitionen:

komplementäre Ziele: Das Erreichen eines Ziels hilft beim Erreichen des anderen Ziels.
konkurrierende Ziele: Das Erreichen des einen Ziels erschwert das Erreichen des anderen Ziels.
indifferente Ziele: Das Erreichen des einen Ziels wirkt sich nicht auf das Erreichen des anderen Ziels aus.

1. Arbeite aus § 1 des Stabilitätsgesetzes (StabG) die vier wirtschaftspolitischen Ziele heraus.

2. Die vier in Aufgabe 1 herausgearbeiteten Ziele nennt man auch magisches Viereck. Magisch, da die Ziele z. T. untereinander konkurrieren. Finde mit einem Partner Ziele des magischen Vierecks, die zueinander in Konkurrenz stehen, und Ziele, die komplementär zueinander sind. Begründet eure Wahl.

3. Das magische Viereck wird häufig zum magischen Sechseck erweitert. Als weitere Ziele kommen eine „gerechte Einkommensverteilung“ und der „Erhalt einer lebenswerten Umwelt“ hinzu. Beschriftet das magische Sechseck und begründet aus eurer Sicht die Erweiterung. Diskutiert: Hättet ihr euch für andere Zielerweiterungen entschieden?

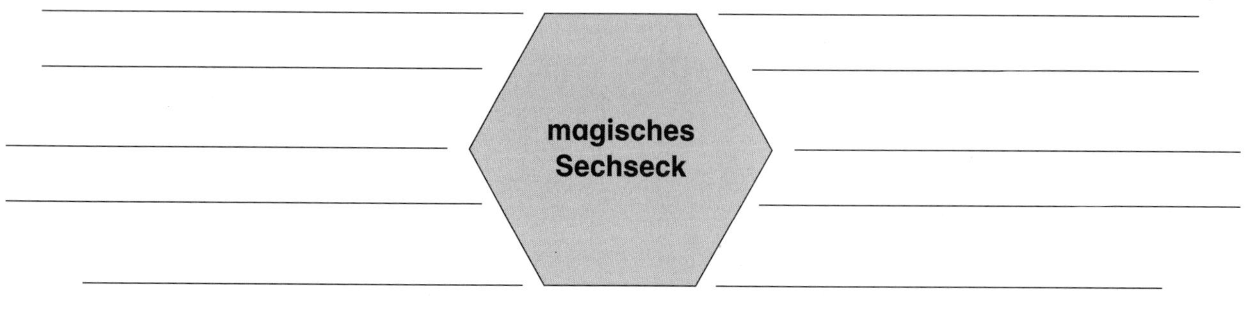

Ziel: Hoher Beschäftigungsstand

Ich bin Paul, 41 Jahre alt und seit vier Jahren arbeitslos ... Ich habe Porzellanmaler gelernt. Die Firma, in der ich gelernt und gearbeitet habe, musste Insolvenz anmelden, ebenso wie die anderen Porzellanmanufakturen – zu viel billige Konkurrenz. Nun gibt es hier in der Gegend keine Arbeit mehr für Leute wie mich – dabei war ich doch einer der Besten. Aber ich will hier nicht weg, hier bin ich doch zu Hause, hier lebt meine Familie. Mit dem Arbeitslosengeld und der Sozialhilfe komme ich mit meiner Familie einigermaßen über die Runden. Aber mein Freundeskreis hat sich verändert – die wollen alle nichts mehr mit „dem arbeitslosen Sozialschmarotzer" zu tun haben. Das tut sehr weh, manchmal fühle ich mich schon wie ein Mensch zweiter Klasse – ich glaube nicht, dass ich mich nochmal komplett neu beruflich orientieren kann. Es tut mir nur leid um meine Kinder, denen ich viele Dinge nicht bieten kann ... Hoffentlich haben sie einmal mehr Glück!

Arbeitslose verursachen nur Kosten – für Arbeitslosengeld, Sozialhilfe, Weiterbildungsmaßnahmen. Die Einkommenssteuer fällt auch noch weg. Dazu kommt das ganze Humankapital, dass uns verloren geht – viele können und wollen ja arbeiten ... Aber bei vielen ist es die mangelnde Mobilität, die es ihnen nicht ermöglicht, dorthin zu gehen, wo es Arbeit gibt. Da ist es schon gut, dass es die Bundesagentur für Arbeit gibt. Zum Glück gibt es ja auch Arbeitslosigkeit, die sich von selber erledigt – im Winter gibt es nun mal weniger Baustellen, und wenn die Wirtschaft wächst, entstehen auch meistens neue Arbeitsplätze.

1. Begründe anhand der Aussagen das Ziel „hoher Beschäftigungsstand". Gehe dabei sowohl auf private als auch auf volkswirtschaftliche Probleme ein, die durch zu hohe Arbeitslosigkeit entstehen.

2. Arbeite verschiedene Ursachen von Arbeitslosigkeit aus den Aussagen heraus.

3. Diskutiert in der Klasse mögliche Lösungen, wie man die von euch herausgearbeiteten Ursachen aus Aufgabe 2 bekämpfen könnte. Geht dabei auch auf deren Umsetzbarkeit ein.

Definition von Preisniveaustabilität:

Preisstabilität herrscht, wenn sich das Preisniveau trotz des Auf und Ab der einzelnen Preise an den Märkten nur wenig verändert. Der EZB-Rat misst Änderungen des Preisniveaus im Euro-Raum anhand des Harmonisierten Verbraucherpreisindex (HVPI) und definiert das Ziel der Preisstabilität auf mittlere Sicht als eine jährliche Steigerung des Verbraucherpreisniveaus von „unter, aber nahe 2%".

1 Recherchiere ausgehend von der oben genannten Definition auf den Internetseiten der deutschen Bundesbank sowie der EZB, wie Preisniveaustabilität gemessen wird.

2 Interpretiere die Karikatur im Hinblick auf die Auswirkungen einer hohen Inflationsrate auf die Wirtschaft einerseits und auf die privaten Haushalte andererseits.

3 Begründe anhand der erarbeiteten Ergebnisse von Aufgaben 1 und 2 das Ziel „Preisniveaustabilität".

Was ist eigentlich Wirtschaftswachstum und wie wird es gemessen?

Als Wirtschaftswachstum wird zumeist das Wachstum des Bruttoinlandsprodukts (BIP) bezeichnet. Das Bruttoinlandsprodukt ist der Wert aller Güter und Dienstleistungen, die in einem Jahr innerhalb der Landesgrenzen einer Volkswirtschaft erwirtschaftet werden – egal, ob von Inländern oder Ausländern. Gemessen wird also, was eine Volkswirtschaft in einem Jahr leistet. Mithilfe des Kreislaufmodells berechnet man das BIP ganz einfach:

$BIP = C_H + C_{St} + I^{br} + X - M$

Einige grundlegende Zusammenhänge sollte man sich noch merken: Steigt das Wirtschaftswachstum, so sinkt idealtypischerweise auch die Arbeitslosigkeit und die Staatseinnahmen steigen aufgrund höherer Steuerzahlungen. Einen Anstieg der Wachstumsraten bezeichnet man mit dem Begriff „Aufschwung".
Steigt das Wirtschaftswachstum jedoch zu stark, so bewirkt es auch meist eine Erhöhung des Preisniveaus. Diese Preisniveauerhöhung wird wahrscheinlich auch zu erhöhten Lohnforderungen führen. Den Zeitraum mit sehr hohen Wachstumsraten nennt man „Boom".
Sinkt das Wirtschaftswachstum, so entsteht in der Regel auch zusätzliche Arbeitslosigkeit. Ein Sinken der Wachstumsraten bezeichnet man auch als „Abschwung".
Befindet sich die Volkswirtschaft in einer Periode mit sehr geringen oder sogar negativen Wachstumsraten, so spricht man auch von einer „Krise" oder „Rezession".
Eine Kurve, wie hier dargestellt, nennt man Konjunkturzyklus. Ein Zyklus besteht aus einem Aufschwung, einem Boom, einem Abschwung und einer Rezession.

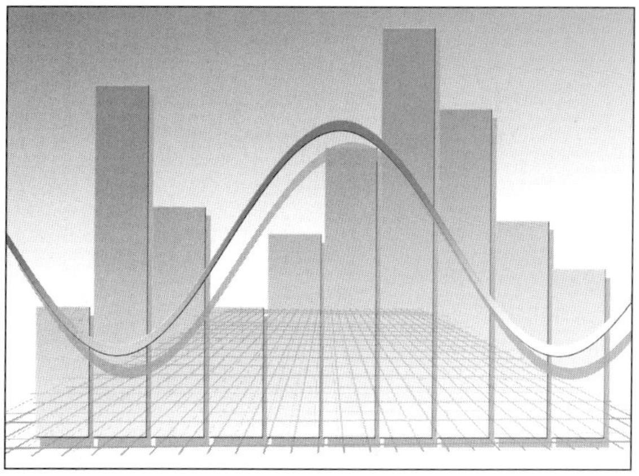

1. Zeichne einen Konjunkturzyklus und beschrifte die einzelnen Phasen.

2. Recherchiere im Internet die Wachstumsraten der letzten Jahre (bzw. Quartale) von Deutschland. In welcher Phase des Konjunkturzyklus befindet sich Deutschland momentan?

3. Begründe ausgehend vom Text das Ziel „angemessenes und stetes Wirtschaftswachstum". Erkläre, warum die Begriffe „angemessenes" und „stetes" Wachstum so wichtig sind.

4. Es gibt nicht nur das BIP, sondern auch noch das Bruttonationaleinkommen. Recherchiere den Unterschied zum BIP und diskutiere die Wahl des BIP als Messgröße für das Wirtschaftswachstum mit einem Partner.

Ziel: Außenwirtschaftliches Gleichgewicht

Ein außenwirtschaftliches Gleichgewicht liegt vereinfacht gesagt dann vor, wenn im Kreislaufmodell die Ströme X und M gleich groß sind. Der Wert der Exporte entspricht also dem Wert der Importe.

Warenhandel und Dienstleistungen mit dem Ausland

Mrd €

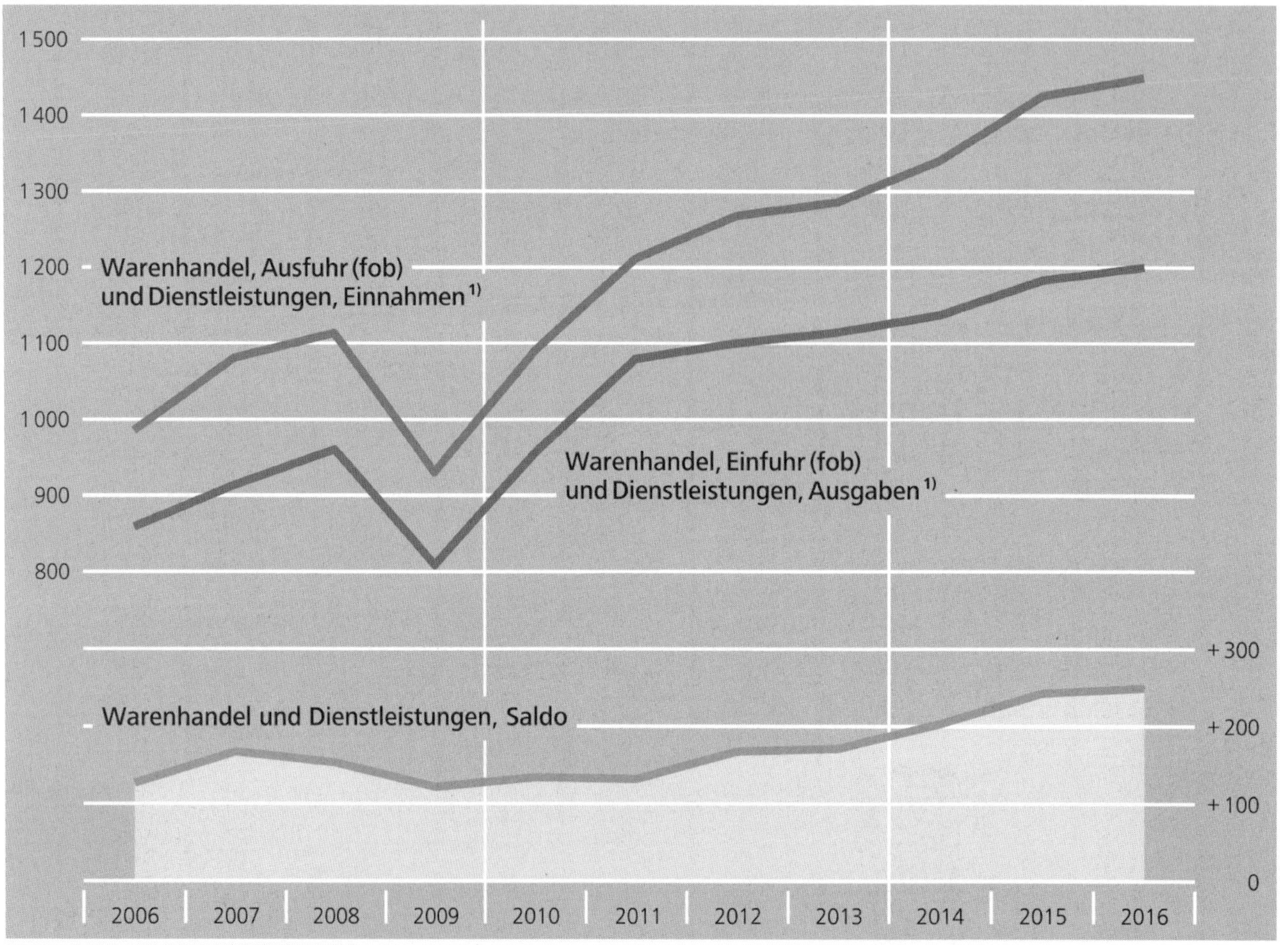

1 Warenhandel und Dienstleistungen nach der Zahlungsbilanzstatistik (Quelle: Deutsche Bundesbank).
Deutsche Bundesbank und Statistisches Bundesamt

1 Arbeite aus der Abbildung heraus, inwieweit in den letzten Jahren das Ziel „außenwirtschaftliches Gleichgewicht" in Deutschland erreicht wurde.

2 Beschreibe die Auswirkungen des folgenden Szenarios aus dem Blickwinkel von Land A und Land B:

> Land A importiert sehr viele Güter und Dienstleistungen, u. a. auch viele aus Land B. Die Importe von Land A sind deutlich höher als die Exporte, v. a. werden viele Lebensmittel und Rohstoffe aus Land B importiert.
> Land B wiederum ist sehr exportorientiert, die Exporte übersteigen in weitem Maß die Importe und tragen einen beträchtlichen Anteil zum Wirtschaftswachstum bei. Ein Großteil der Beschäftigten arbeitet in exportabhängigen Betrieben.
> Aufgrund einer politischen Entscheidung muss nun der Handel zwischen den beiden Ländern eingestellt werden.

Ziel: Gerechte Einkommensverteilung

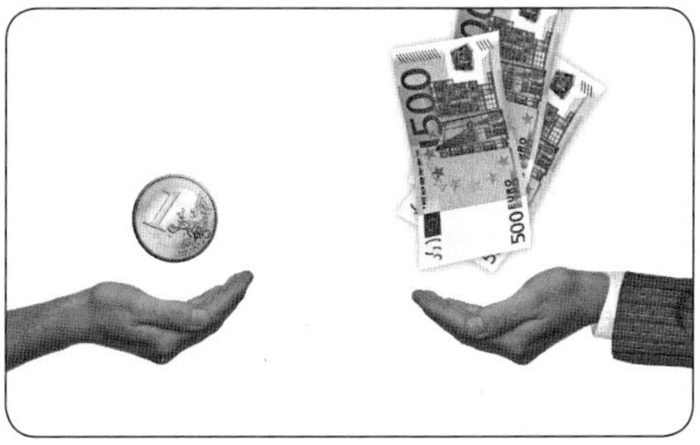

Das Einkommen eines jeden ist von verschiedenen Faktoren abhängig: von seinem Job, seiner Motivation, seiner Ausbildung, seinem ererbtem Vermögen, seinem Wohnort, seiner Familiensituation, seiner Macht und auch ganz einfach vom Glück. Daraus kann man schnell schließen, dass eine solche Einkommensverteilung nicht zwangsläufig gerecht ist, und schon gar nicht von den meisten als gerecht empfunden wird. Fühlen sich Menschen allerdings ungerechtfertigter Weise benachteiligt, so kann es zu einer mangelnden Akzeptanz des (Wirtschafts-)Systems und als Folge davon zu gesellschaftlichen Unruhen kommen. Umso gerechter die Einkommensverteilung also ist, umso größer ist auch der soziale Frieden.

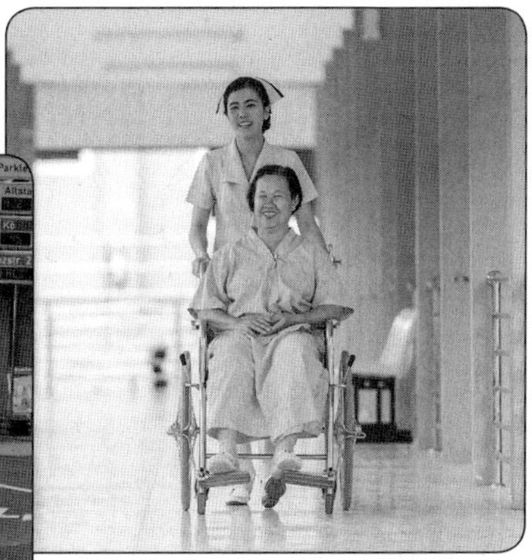

1 Diskutiert: Was ist eine „gerechte Einkommensverteilung“? Verwendet für eure Diskussion neben dem Text und den Bildern auch folgende Schlüsselfragen:

- Soll jeder gleich viel bekommen?
- Wie groß dürfen Unterschiede sein?
- Darf es Unterschiede geben? Wenn ja, warum?
- Gibt es Berufsgruppen, die eurer Meinung nach nicht gerecht bezahlt werden?
- Welche Berufsgruppen verdienen eurer Meinung nach zu viel oder zu wenig? Warum?

2 Begründe ausgehend vom Text und eurer Diskussion das Ziel „gerechte Einkommensverteilung“.

Ziel: Erhalt einer lebenswerten Umwelt

1. Begründe auch unter Verwendung der Abbildungen das Ziel „Erhalt einer lebenswerten Umwelt".

2. Erkläre, warum dieses Ziel auch ein Ziel der Wirtschaftspolitik, und nicht nur der Umweltpolitik ist.

3. Begründe den Zusammenhang zwischen Wohlstand und einer lebenswerten Umwelt.

Didaktisch-methodische Hinweise

Um die Ziele des magischen Sechsecks zu erreichen, gibt es viele Ansatzpunkte. Das folgende Kapitel unterteilt zuerst die Maßnahmen in Ordnungs- und Prozesspolitik, um anschließend die beiden gegensätzlichen Denkarten der nachfrage- und angebotsorientierten Wirtschaftspolitik vorzustellen und deren jeweiligen Grenzen aufzuzeigen.

Unterrichtseinheit 8:

(K) Sachkompetenz, Kommunikationskompetenz, Deutungskompetenz

Ausgehend vom Beispiel eines Fußballspiels wird mit dem Arbeitsblatt **„Ordnungs- und Prozesspolitik“ (S. 38)** der Unterschied zwischen der Prozess- und der Ordnungspolitik aufgezeigt. Anhand von Beispielen aus ihrem eigenen Alltag festigen die Schüler anschließend die Begrifflichkeiten.

Unterrichtseinheit 9:

(K) Sachkompetenz

Um die Ansatzpunkte und die Idee einer nachfrageorientierten Wirtschaftspolitik begreifen zu können, müssen die Schüler wissen, wie die gesamtwirtschaftliche Nachfrage definiert ist. Auf dem Arbeitsblatt **„Gesamtwirtschaftliche Nachfrage“ (S. 39)** wird auch auf die Grundlagen des Kreislaufmodells zurückgegriffen.

Unterrichtseinheit 10:

(K) Sachkompetenz, Wahrnehmungskompetenz, Deutungskompetenz, Kommunikationskompetenz, Urteilskompetenz

Die Bearbeitung der Arbeitsblätter **„Nachfrageorientierte Wirtschaftspolitik“ (S. 40f.)**, **„Nachfrageorientierte Wirtschaftspolitik: Probleme und Grenzen“ (S. 42f.)**, **„Angebotsorientierte Wirtschaftspolitik“ (S. 44)** und **„Angebotsorientierte Wirtschaftspolitik: Probleme und Grenzen“ (S. 45)** kann in zwei Gruppen erfolgen. Am geschicktesten ist die Einteilung der Klasse in Zweierteams (organisatorisch einfach: Banknachbarn). Ein Schüler ist der „Experte“ für die nachfrageorientierte Wirtschaftspolitik, der andere für die angebotsorientierte Wirtschaftspolitik. Im Anschluss an die Aufteilung erarbeiten alle Experten ihre Ansätze in Kleingruppen.
Nachdem die Aufträge der Arbeitsblätter erfüllt wurden, treffen sich die Banknachbarn wieder und unterrichten sich gegenseitig über ihre Ergebnisse. Eine Diskussion im Plenum zum Thema „Was ist besser – angebots- oder nachfrageorientierte Wirtschaftspolitik“ kann diese Einheit abschließen.
Bei der Bearbeitung dieser Arbeitsblätter prallen die grundsätzlich verschiedenen Denkschulen einerseits des Keynesianismus und andererseits der (Neo-)Klassik aufeinander. Aus Gründen der didaktischen Reduktion wurde hier keine vollständige Aufarbeitung der geschichtlichen Hintergründe und Auslöser der einzelnen Denkschulen versucht, da dies zu weit führen würde. Der Fokus liegt deutlich auf den Grundgedanken und grundsätzlichen Ansatzpunkten. Bereits hier wird den Schülern die unterschiedliche Sichtweise klar. Grundlegende Begriffe wie „Nachtwächterstaat“, „antizyklische Fiskalpolitik“, „deficit-spending“ u. v. m. werden eingeführt und kurz erläutert. Damit beherrschen die Schüler ein Grundvokabular im Umgang mit den volkswirtschaftlichen Theorien.
Das Arbeitsblatt zur angebotsorientierten Wirtschaftspolitik verzichtet (auch aus Gründen der didaktischen Reduktion) auf den monetaristischen Ansatzpunkt „Geldpolitik“, da der Schwerpunkt in diesem Themenheft auf der staatlichen Wirtschaftspolitik liegt, wozu die Geldpolitik der EZB nicht gehört.
Die Aufarbeitung der Probleme und Grenzen der jeweiligen Ansätze geschieht anhand von Lückentexten.

Ordnungs- und Prozesspolitik

Die Unterteilung der Wirtschaftspolitik in Ordnungs- und Prozesspolitik kann man sich einfach über das Beispiel Fußball erschließen:
Die Volkswirtschaft ist dabei das Spiel der beiden Mannschaften gegeneinander, die Mannschaften selber sind Akteure im Wirtschaftsgeschehen. Damit das Spiel nicht gänzlich chaotisch abläuft, gibt es die Spielregeln. Diese bilden den Rahmen für das Spiel, sodass ein fairer Wettbewerb um den Sieg stattfindet. Jeder Spieler kennt die Regeln und kann sich daran halten. Während des Spiels gibt es noch den Schiedsrichter, der das Spiel beobachtet und bei Regelverstößen oder externen Einflüssen wie Fanfeuerwerk, „Flitzern", Wetterumbrüchen etc. aktiv in das Spielgeschehen eingreift.
Die Spielregeln entsprechen dabei dem ordnungspolitischen Rahmen des Spiels, ebenso wie Gesetze und Verordnungen das Wirtschaftsgeschehen regeln und z. B. über das Gesetz zur Förderung der Stabilität und des Wachstums der Wirtschaft (StabG) die Ziele der Wirtschaftspolitik vorgeben. Werden die Regeln, also der ordnungspolitische Rahmen, geändert, spricht man von Ordnungspolitik. Der funktionierende Wettbewerb ist das zentrale Ziel der Ordnungspolitik.
Der Schiedsrichter ist die personifizierte Prozesspolitik. Prozesspolitik greift unmittelbar in den Wirtschaftsprozess ein, um die wirtschaftspolitischen Ziele durchzusetzen.

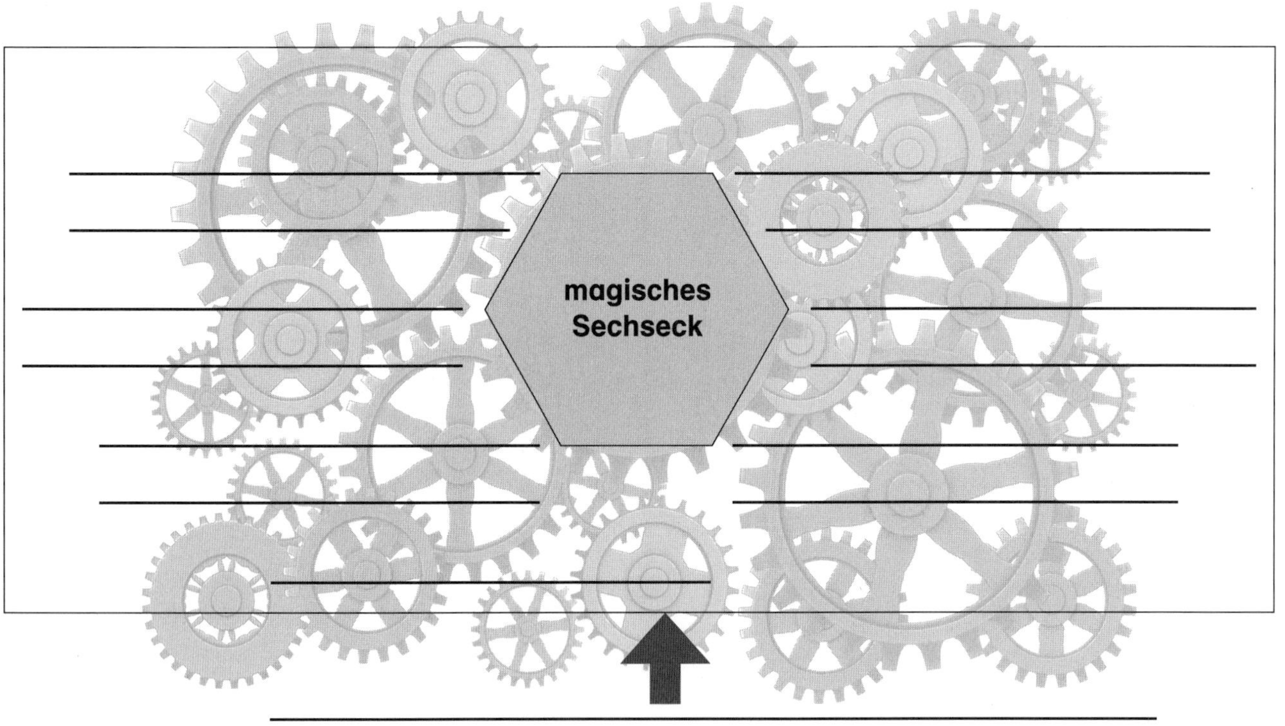

1 Trage die Ziele des magischen Sechsecks und die Begriffe „Prozesspolitik" und „Ordnungspolitischer Rahmen" in das Schaubild ein.

2 Findet weitere Beispiele aus dem Alltag, in denen es einen „ordnungspolitischen Rahmen" und „Prozesspolitik" gibt. Welche Personen können in eurem Beispiel den Rahmen, welche den Prozess beeinflussen? In welchem Ausmaß ist ihnen das möglich?

3 Diskutiert: Genügt für die Umsetzung der Ziele des magischen Sechsecks nur die Prozesspolitik?

Gesamtwirtschaftliche Nachfrage

Die gesamtwirtschaftliche Nachfrage gibt den Geldwert von Gütern an, die pro Periode in einer Volkswirtschaft nachgefragt werden. Ausgehend vom Kreislaufmodell definiert man also die gesamtwirtschaftliche Nachfrage als die Summe aus dem staatlichen und privaten Konsum, den Bruttoinvestitionen und der Nachfrage aus dem Ausland: $N_{ges} = C_H + C_{St} + I^{br} + X$.

Familieneinkauf im Supermarkt
Bau einer neuen Fertigungshalle
Verkauf von Autos an einen chinesischen Großhändler
Kauf einer neuen Produktionsmaschine
Verkauf von Chemieprodukten in die USA
Renovierung des Kanzleramts
Klamottenshopping mit der Freundin
Straßenbau

C_H ____________________

____

C_{St} ____________________

____

I^{br} ____________________

____

X ____________________

____

1 Auf welche Komponenten der Nachfrage wirken sich die beschriebenen Ereignisse aus? Verbinde die Begriffe mit dem jeweiligen Bestandteil der gesamtwirtschaftlichen Nachfrage.

2 Finde zu jeder Komponente der gesamtwirtschaftlichen Nachfrage zwei weitere Beispiele und trage diese ein.

Nachfrageorientierte Wirtschaftspolitik (1)

Die Grundgedanken der nachfrageorientierten Wirtschaftspolitik gehen auf den Ökonomen John Maynard Keynes zurück.
Die ursprüngliche Idee einer Wirtschaftspolitik war Ende des 19. Jahrhunderts, möglichst wenig in den Prozess der Wirtschaft einzugreifen, da der Markt Selbstheilungskräfte besitzt und so Ungleichgewichte über Angebot und Nachfrage ausgleicht. Jedes Angebot schafft sich seine Nachfrage, so der Kerngedanke damals. Diese Art der Wirtschaftpolitik bezeichnet man auch als „Laissez-faire"-Politik bzw. den Staat als „Nachtwächterstaat" – diese Grundgedanken finden sich heute noch in der angebotsorientierten Theorie.
Problematisch wurde diese Idee in Zeiten hoher Arbeitslosigkeit – hier setzte Keynes an, und lenkte den Blick weg vom Angebot hin zur Nachfrage: Ist die Nachfrage aufgrund niedriger Löhne oder Arbeitslosigkeit zu gering, schrumpft die Produktion, es entsteht Arbeitslosigkeit. Die Wirtschaft kann nicht mehr aus eigener Kraft zu Vollbeschäftigung zurückkehren, da keine Käufer für die Produkte vorhanden sind und die Selbstheilungskräfte des Marktes versagen. Hier muss nun laut Keynes der Staat eingreifen und diese entstandene Nachfragelücke schließen. Ansatzpunkt ist hierbei die gesamtwirtschaftliche Nachfrage. Der Staat muss also Geld ausgeben, um die gesamtwirtschaftliche Nachfrage anzukurbeln – das ist genau im Abschwung oder in Krisenzeiten nötig, denn hier ist die Nachfrage zu gering, als dass Arbeitslosigkeit vermieden werden könnte. Dieses Konzept nennt man auch antizyklische Fiskalpolitik.
Als Fiskalpolitik bezeichnet man eine Wirtschaftspolitik, die durch Veränderungen der Einnahmen und der Ausgaben des Staates gemacht wird. Antizyklisch nennt man das Konzept, da in Krisenzeiten vom Staat Geld ausgegeben werden soll, notfalls sogar über die Inkaufnahme einer höheren Staatsverschuldung („deficit-spending"), und in Boomphasen der Staatshaushalt wieder ausgeglichen („konsolidiert") werden soll (vgl. Abbildung).

antizyklische Fiskalpolitik

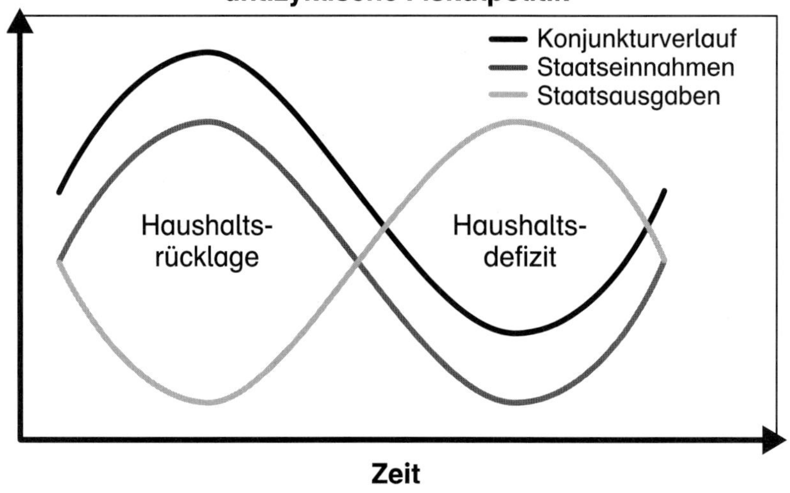

Dabei soll die „Initialzündung" über den staatlichen Konsum erfolgen. Durch diesen Nachfrage-Impuls, z. B. durch den Bau von Straßen oder öffentlichen Gebäuden, soll der Wirtschaft Geld zugeführt werden. Die Unternehmen verdienen durch die gestiegene Nachfrage mehr Geld, können so auch wieder mehr Arbeitnehmer einstellen und investieren. Die neu eingestellten Arbeitnehmer haben dann auch wieder mehr Geld für eigenen Konsum übrig.

Nachfrageorientierte Wirtschaftspolitik (2)

Ein Impuls über den staatlichen Konsum hat also theoretisch Auswirkungen auch auf die Investitionen der Unternehmen und den Konsum der Haushalte – da sich das eingesetzte Geld dadurch selbst vervielfacht und es weitere nachfrageerhöhende Impulse gibt, spricht man vom Multiplikatoreffekt.

Aber der Staat hat auch noch andere Möglichkeiten, durch die Veränderung der Einnahmen- und Ausgabenstruktur in die Wirtschaft einzugreifen. Ein Blick auf das Kreislaufmodell offenbart diese Möglichkeiten, mithilfe der Fiskalpolitik die gesamtwirtschaftliche Nachfrage zu beeinflussen.

Viele große Industrienationen haben bereits auf die Ideen der nachfrageorientierten Wirtschaftspolitik zurückgriffen. In Deutschland ist die nachfrageorientierte Wirtschaftspolitik sogar im Gesetz zur Förderung der Stabilität und des Wachstums der Wirtschaft (StabG) festgelegt.

1 Erkläre, warum man bei der ursprünglichen „Laissez-faire“-Politik den Staat auch als „Nachtwächterstaat“ bezeichnete.

2 Arbeite aus dem Text in Stichpunkten die grundlegenden Annahmen und das wirtschaftspolitische Konzept von John Maynard Keynes heraus.

3 Nimm Stellung zu der Idee einer schuldenfinanzierten antizyklischen Fiskalpolitik. Würdest du auch in der Krise Schulden machen? Begründe deine Antwort.

4 Betrachtet das Kreislaufmodell und identifiziert weitere Ansatzpunkte bzw. Geldströme, die der Staat durch die Fiskalpolitik beeinflussen kann. Überlegt euch mögliche Maßnahmen, um die jeweiligen Ströme zu beeinflussen.

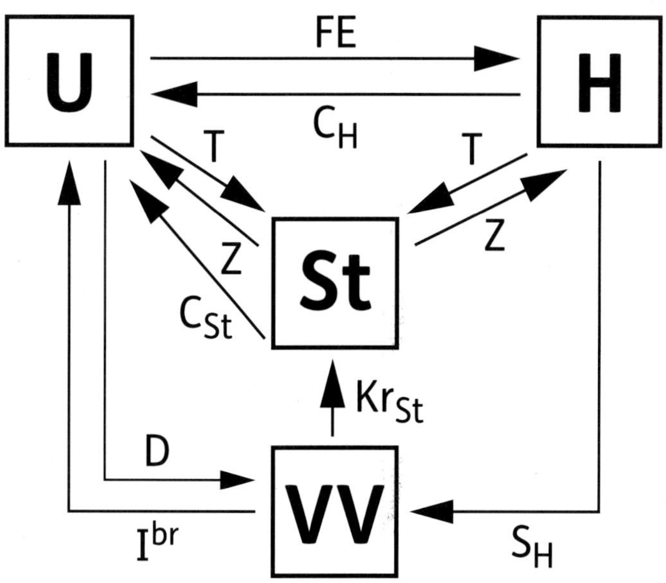

Nachfrageorientierte Wirtschaftspolitik: Probleme und Grenzen (1)

Die nachfrageorientierte Wirtschaftspolitik ist kein immer funktionierendes Allheilmittel, auch sie hat einige Probleme in der Umsetzung und stößt bisweilen an ihre Grenzen.

Setze die Wörter aus dem Wortspeicher in den Lückentext ein.

investieren – Rahmenbedingungen – time-lags – Verdrängungseffekten – Staatsverschuldung verschuldet – strukturell – Staat – sparen – Konjunkturverlauf – zu wenig – Zeitpunkt – Verzögerungen – verdrängen – Konjunkturprogramms – Wirkung – Umfang – zu viel – gespart – Geld – ausgegeben – Unternehmen – staatlichen – Staatsverschuldung – deficit-spending – Sparmaßnahmen – Angst

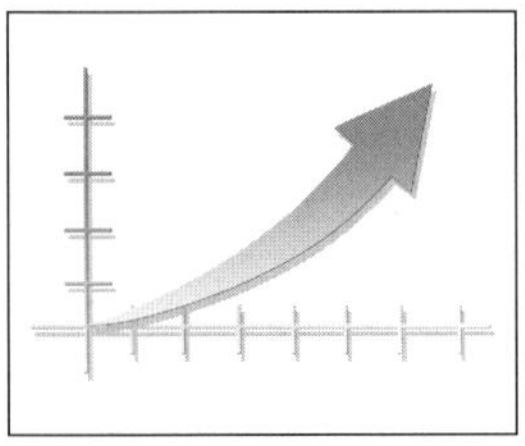

Die ______________________ steigt, da in Hochkonjunkturzeiten meist nicht ______________ wird. ______________________ sind immer unpopulär und werden daher von Politikern nur ungern umgesetzt – vor der Wahl ist nach der Wahl.

Da der ______________________ nicht genau vorhersagbar ist, ist es schwierig einzuschätzen, wann der richtige ________________ für eine Konjunkturbelebung ist. Zudem gibt es sogenannte ________________. Damit bezeichnet man ________________, die einerseits bis zum Beschluss des ______________________ und andererseits bis zur ________________ der Maßnahme auftreten.

Der ______________ des Konjunkturprogramms ist nicht sicher zu bestimmen. Gibt man ________________ aus, so greift die Maßnahme vielleicht nicht. Gibt man ________________ aus, kommt Kritik von der Bevölkerung wegen der Verschwendung von Steuermitteln auf.

Nachfrageorientierte Wirtschaftspolitik: Probleme und Grenzen (2)

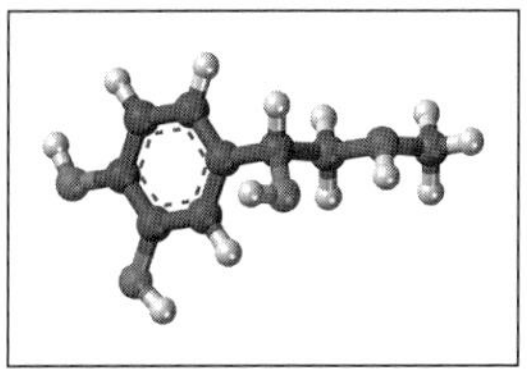

Sind die Probleme ______________ bedingt, so hilft meist auch kein Konjunkturprogramm. Hier muss an den ______________ gearbeitet werden.

Steht den privaten Haushalten mehr ______________ für den Konsum zur Verfügung, ist noch lange nicht gesagt, dass das Geld auch ______________ wird. Falls die privaten Haushalte z. B. aus ______________ vor der Zukunft ______________, wird durch die dafür eingesetzten Mittel kein Nachfrageeffekt erreicht. Ebenso verhält es sich bei den ______________. Ist deren Geschäftsprognose negativ, so werden sie kein weiteres Geld ______________, der nachfragesteigernde Effekt bleibt aus.

Ein weiteres Problem kann sich ergeben, wenn die ______________ Investitionen die privatwirtschaftlichen ______________. Man spricht hier von ______________.

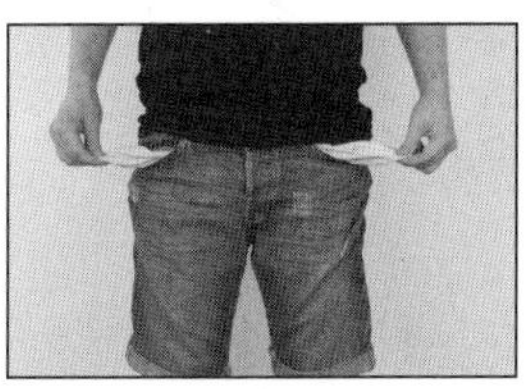

Ist der ______________ bereits stark ______________, so ist eine weitere Zunahme der ______________ oftmals nicht mehr möglich. Somit können auch keine neuen Mittel im Rahmen des ______________ ausgegeben werden.

Angebotsorientierte Wirtschaftspolitik

Das Gegenstück zur nachfrageorientierten Wirtschaftspolitik ist die angebotsorientierte Wirtschaftspolitik. Diese bezieht sich in ihren Grundgedanken auf den ursprünglichen Liberalismus und die „Laissez-faire"-Wirtschaftspolitik. Man geht davon aus, dass die Marktkräfte mittel- bis langfristig ein wirtschaftliches Gleichgewicht bei Vollbeschäftigung bewirken. Das saysche Theorem („Jedes Angebot schafft sich seine Nachfrage.") steht hierbei im Vordergrund. Es wird wie folgt argumentiert: Optimiert man die Rahmenbedingungen für die Unternehmen, so werden diese mehr investieren. Dadurch werden neue Arbeitsplätze geschaffen, neue Aufträge werden erteilt. Es werden mehr Arbeitnehmer eingestellt, es entsteht zusätzliches Einkommen. Dieses wird dann wieder für den Konsum verwendet, die gesamtwirtschaftliche Nachfrage steigt. Wirtschaftspolitik hat also beim gesamtwirtschaftlichen Angebot anzusetzen.
Das dahinterstehende Konzept ist einfach: Der Staat soll sich möglichst weit zurückziehen, um die Stabilität der privaten Sektoren (H und U) nicht zu stören. Er hat dabei lediglich für einen stabilen ordnungspolitischen Rahmen, genügend Wettbewerb und ein förderliches Investitionsklima zu sorgen. Die Maßnahmen zielen alle auf eine Förderung der Angebotsseite ab.
Die Maßnahmen einer solchen Wirtschaftspolitik lassen sich zu drei Säulen zusammenfassen. Säule eins ist die der Deregulierung/Entbürokratisierung, Säule zwei ist die Steuerpolitik und Säule drei die Lohnpolitik. Des Weiteren wird eine Konsolidierung des Staatshaushaltes und eine Senkung der Staatsquote (das ist das Verhältnis der Staatsausgaben zum BIP) angestrebt.

1 Fasse die Grundgedanken und Ansatzpunkte der angebotsorientierten Wirtschaftspolitik in einem Schaubild zusammen. Vergleiche dieses mit dem eines Partners und erstellt gemeinsam eine optimierte Version.

2 Diskutiert in der Klasse: Schafft sich jedes Angebot seine Nachfrage?

3 Wichtige Vertreter angebotstheoretischer Modelle waren Adam Smith und Milton Friedman. Recherchiere im Internet die wichtigsten Lebensdaten und Stationen der beiden Ökonomen und halte diese in Stichworten fest.

4 Ordne die unten stehenden Ereignisse je einer Säule der angebotsorientierten Wirtschaftspolitik zu.

Verringerung des Kündigungsschutzes – Orientierung der Lohnsteigerung an der Arbeitsproduktivität – Abbau von Vorschriften – Verringerung der Macht von Gewerkschaften – Senken der Einkommensteuer – Senkung der Gewinnsteuern – Förderung von Unternehmensgründungen durch Vereinfachung der Gewerbeanmeldung – Reduktion der Steuerklassen

Angebotsorientierte Wirtschaftspolitik: Probleme und Grenzen

Auch die angebotsorientierte Wirtschaftspolitik hat einige Probleme in der Umsetzung und stößt bisweilen an ihre Grenzen.

Setze die Wörter aus dem Wortspeicher in den Lückentext ein.

Kommunen – Tarifautonomie – mittlerer – Lobby – Staatsquote – Schnelle – soziale – langfristig – Länder – Umverteilung – Kürzungen – niedriger – Bund – Gewerkschaften – Investitionsförderungen

In Deutschland ist die ______________________ im Grundgesetz verankert; diese darf nicht per Abrede eingeschränkt werden. Bei zu starken Eingriffen in die Lohnpolitik kann es zudem zu breitem Widerstand von Interessengruppen kommen, allen voran von den ______________________.

Eine Rückführung der ______________________ ist politisch auch schwer durchsetzbar, da ______________________ von Geldmitteln immer unpopuläre Entscheidungen sind, die auch häufig von der jeweiligen ______________________ bekämpft werden.

______________________ bei Unternehmen kann auch zu Rationalisierungen und Arbeitsplatzverlusten führen.

______________________ Erfolge bleiben meist aus, da die Politik ______________________ ausgerichtet ist.

Zudem funktioniert die angebotsorientierte Wirtschaftspolitik nur, wenn alle (______________, ______________, ______________) an einem Strang ziehen.

Es kann zu einer ______________________ des Einkommens und des Vermögens zulasten der Bezieher ______________________ und ______________________ Einkommen kommen.

Insgesamt werden ______________________ Aspekte zu wenig beachtet.

Didaktisch-methodische Hinweise

Ein kompletter Überblick über wirtschaftspolitische Maßnahmen ist in diesem Rahmen kaum möglich, deshalb wurden einzelne aussagekräftige Beispiele ausgewählt, die einen Einblick in die verschiedenen Möglichkeiten wirtschaftspolitischen Handelns geben. Es finden sich zwei Arbeitsblätter zu bereits abgeschlossenen, zwei zu allgemeinen und zwei zu zukunftsorientierten wirtschaftspolitischen Maßnahmen.

Unterrichtseinheit 11:

Ⓚ Sachkompetenz, Wahrnehmungskompetenz, Deutungskompetenz, Kommunikationskompetenz, Urteilskompetenz

Die Arbeitsblätter **„Konjunkturpaket I und II" (S. 47)** und **„Die Abwrackprämie" (S. 48)** beziehen sich auf konkrete Maßnahmen der Bundesregierung während der Finanzkrise. Bei der Bearbeitung dieser Arbeitsblätter könnte man auch einen Exkurs zur Finanzkrise wagen, falls die Schüler daran interessiert sind.
Das Arbeitsblatt **„Auflagen, Abgaben, Zertifikate" (S. 49)** gibt einen Überblick über mögliche wirtschaftspolitische Maßnahmen zum Erreichen des Ziels „Erhalt einer lebenswerten Umwelt". Ein weiterer Anknüpfungspunkt in diese Richtung könnte der der erneuerbaren Energien sein.
Die Bundesagentur für Arbeit, v. a. deren Aufgaben und Organisation, wird auf dem Arbeitsblatt **„Bundesagentur für Arbeit" (S. 50)** analysiert. Zudem findet sich hier noch ein Auftrag zur Berufs- und Studienorientierung.
Die Arbeitsblätter **„Förderung der E-Mobilität" (S. 51)** und **„Reduzierung der Staatsverschuldung" (S. 52)** zielen auf wirtschaftspolitische Maßnahmen, welche v. a. für die Zukunft Auswirkungen haben – da dadurch auch unmittelbar die Zukunft der Schüler betroffen ist, könnten sich hier gewinnbringende Diskussionen ergeben. Zudem werden die Schüler angeregt, sich aktiv mit ihrer Zukunft auseinanderzusetzen.
Die Arbeitsblätter können in Gruppenarbeit bearbeitet werden. Im Plenum können dann die jeweiligen Aufgaben- und Diskussionsergebnisse vorgestellt werden. Eine einzelne Bearbeitung ist aber natürlich auch möglich, ebenso kann der Fokus auch nur auf einen Bereich (vergangene und abgeschlossene oder allgemeine oder zukunftsorientierte wirtschaftspolitische Maßnahmen) gelegt werden.
Mit Ausnahme des Arbeitsblattes **„Bundesagentur für Arbeit" (S. 50)** ist der Aufgabenteil in diesem Kapitel häufig ähnlich aufgebaut: Als erste Aufgabe sollen die jeweils beschriebenen Maßnahmen entweder der angebots- oder nachfrageorientierten Wirtschaftspolitik bzw. der Prozess- oder Ordnungspolitik zugeordnet werden. Hier können die Schüler ihr vorher theoretisch erworbenes Wissen auf die Praxis anwenden. Des Weiteren findet sich als letzte Aufgabe meist eine Diskussionsanregung, die bewusst ergebnisoffen formuliert ist.
Das Kreislaufmodell sollte als OHP-Folie bereitliegen, sodass es bei Bedarf aufgelegt werden kann.

Konjunkturpaket I und II

Konjunkturpaket I, Konjunkturpaket II

Kurzbezeichnung für zwei Konjunkturprogramme der Bundesregierung. Das Konjunkturpaket I „Beschäftigungssicherung durch Wachstumsstärkung" vom 5.11.2008 sollte die als Folge der Finanzmarktkrise ausgelöste konjunkturelle Abschwächung im Jahr 2008 verringern. Zu dem Maßnahmenpaket zählten u. a. verbesserte Abschreibungsmöglichkeiten für Unternehmen, Erhöhungen der Finanzmittel des Gebäudesanierungsprogramms, ein Investitionsprogramm Verkehr, Verlängerung der Bezugsdauer von Kurzarbeitergeld, Ausbau des Sonderprogramms für ältere und geringqualifizierte Arbeitnehmer.

Das Konjunkturpaket II „Entschlossen in der Krise, stark für den nächsten Aufschwung" vom 12.1.2009 sollte die sich abzeichnende Rezession im Jahr 2009 abmildern. Wichtige Maßnahmen waren u. a. ein Programm für öffentliche Investitionen in Bildung, Infrastruktur und Informationstechnologie von insgesamt 14 Mrd. Euro, ein Kredit- und Bürgschaftsprogramm der KfW-Bankengruppe für eine bessere Kreditversorgung von Unternehmen im Umfang von 100 Mrd. Euro, die Erhöhung der Mittel für Qualifizierungsmaßnahmen der Bundesagentur für Arbeit, die Senkung der Beitragsätze zur Arbeitslosenversicherung von 3,2 auf 2,8 % und zur Krankenversicherung von 15,5 auf 14,9 %, die Verringerung des Eingangssteuersatzes und Erhöhung des Grundfreibetrags beim Einkommensteuertarif sowie die Reform der Kraftfahrzeugsteuer und die befristete Einführung einer Umweltprämie für Pkw-Käufe.

1. Ordne die beschriebenen Maßnahmen der angebots- oder nachfrageorientierten Wirtschaftspolitik begründet zu.

2. Informiere dich im Internet über die im Text beschriebene Finanzkrise – wie kam es damals zu der weltweiten Rezession?

3. Analysiert die Wachstumsraten des BIP (vgl. Abbildung) und diskutiert, inwieweit die Maßnahmen des Konjunkturpakets I und II der wirtschaftlichen Lage angemessen waren.

Die Abwrackprämie

Deutschland hat 2009 als eines der ersten Länder Milliarden an Steuergeldern ausgeschüttet, um alte Autos auf den Schrottplatz und neue an die Frau und den Mann zu bekommen. [...]

Nun, da die Prämie in Deutschland und allen Nachahmer-Staaten ausgelaufen ist und die Verkaufszahlen für die Post-Abwrackprämien-Ära vorliegen, kann Bilanz gezogen werden für eine der teuersten Konjunkturspritzen der deutschen Geschichte. [...]

Fünf Milliarden Euro spendierte der deutsche Staat, 2 500 Euro pro verkauften Neuwagen. Das ließ die Verkaufszahlen 2009 auf 3,8 Millionen Autos nach oben schnellen, von durchschnittlich 3,3 Millionen in den Jahren 2000 bis 2008. Im Jahr nach der Prämien-Party folgte der Kater: Zahlreiche Kunden haben wegen der Förderung den Autokauf vorgezogen, sie fehlten 2010 in den Autohäusern. Der Absatz brach auf 2,9 Millionen ein. Nach einer aktuellen Studie des Centers für Automobilmanagement an der Universität Duisburg-Essen (CAMA) braucht der Markt noch bis 2012, um sich von den Folgen der Abwrackprämie zu erholen. [...]

Dass die Prämie für den Steuerzahler quasi kostenlos gewesen sei – wie mancher Hersteller und Autoverband gerne behauptet – weil sie 2009 zu Mehreinnahmen bei der Umsatzsteuer geführt habe, wäre damit als ziemlich dreiste Milchmädchen-Rechnung entlarvt. Auf das Steuerplus 2009 folgt ein sattes Minus in den Jahren 2010 und 2011. [...]

Anhänger der Prämie behaupten, die Milliardensubvention habe die deutsche Autoindustrie in der Krise vor dem Schlimmsten bewahrt. Tatsächlich war die Prämie aber vor allem ein Förderprogramm für ausländische Kleinwagen-Anbieter. Fiat verkaufte 2009 sensationelle 86 Prozent mehr Autos, nicht viel kleiner war das Plus etwa bei Hyundai, Kia oder Suzuki. Der Marktanteil ausländischer Autobauer stieg sprunghaft um fast elf Prozentpunkte auf rund 55 Prozent. [...]

Der ökonomische Unsinn der Abwrackprämie ist inzwischen sogar wissenschaftlich belegt. Eine amerikanische Untersuchung, die Regionen in den USA mit und ohne Abwrackprämie verglich, kommt zu dem Schluss: Der Effekt der nach deutschen Vorbild gestrickten Prämie war nur wenige Monate nach dem Auslaufen fast gänzlich verpufft. Die Autokäufe, die wegen der Abwrackprämie stattfanden, hätte es wenig später ohnehin gegeben. Das Förderprogramm in den USA war, so folgern die Ökonomen der Universitäten Berkely und Chicago, ein knapp drei Milliarden Dollar teures Strohfeuer ohne nachhaltige Impulse für die Konjunktur.

1. Ordne die beschriebene Maßnahme der angebots- oder nachfrageorientierten Wirtschaftspolitik begründet zu.

2. Beschreibe die erhofften Auswirkungen der Maßnahme anhand des Textes und mithilfe des Kreislaufmodells.

3. Erkläre anhand des Textes, aus welchen Gründen die Maßnahme gescheitert ist.

Auflagen, Abgaben, Zertifikate

Um das Ziel „Erhalt einer lebenswerten Umwelt" zu erreichen, bleiben dem Staat grundsätzlich drei Handlungsalternativen: Auflagen, Abgaben oder Zertifikate.

Auflagen

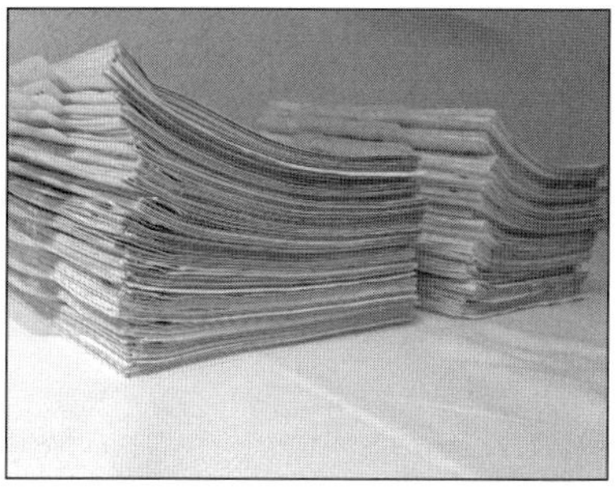

Bei Auflagen handelt es sich um gesetzliche Ge- oder Verbote. Diese haben den Vorteil, dass sie klar und eindeutig regeln, was ein Produzent zu tun oder zu lassen hat. Die Einhaltung ist leicht kontrollierbar. Einmal eingeführt wirken sie sofort. Allerdings gelten die Auflagen für alle Betriebe gleich, d. h., ein kleines Software-Unternehmen hat die gleichen Auflagen wie ein Stahlkonzern. Zudem besteht kein Anreiz, umweltschädliche Maßnahmen über die Ge- und Verbote hinaus zu verringern. Die Planung und Einführung von Gesetzen nimmt zudem viel Zeit in Anspruch, meist vergehen mehrere Jahre, bis die Auflage rechtskräftig wird.

Abgaben

Hier zahlt der Emittent von Schadstoffen Abgaben auf die Emissionen. Unternehmen können also selber entscheiden, ob sie lieber zahlen oder versuchen, die Emissionen einzudämmen. Ein nachhaltiger Effekt auf umweltbewussteres Agieren ist hier meist nicht beobachtbar. Zudem können sich große Unternehmen die Abgaben meist aus der „Portokasse" leisten, während kleinere und mittelständische Unternehmen dadurch vor finanzielle Probleme gestellt werden können.

Zertifikate

Hier wird zu Beginn eine Höchstmenge an Schadstoffen festgelegt, dieser Höchstwert wird dann auf einzelne Zertifikate aufgeteilt. Diese Zertifikate werden anschließend verkauft. Für jedes Zertifikat darf man eine gewisse Menge an Schadstoffen ausstoßen. Der Ausstoß liegt aber dabei insgesamt nie über dem zu Beginn bestimmten Höchstwert. Zudem sind diese Zertifikate handelbar. Investiert ein Unternehmen in umweltschonende Maßnahmen, welche seine Emissionen verringern, kann es seine Zertifikate an andere Unternehmen, die diese noch benötigen, verkaufen.

1. Ordne die beschriebenen Maßnahmen der Ordnungs- bzw. Prozesspolitik begründet zu.

2. Diskutiert in der Klasse: Auflagen, Abgaben, Zertifikate – welches Instrument wählen wir?

3. Recherchiere im Internet Beispiele für Umweltauflagen und Umweltabgaben. Betreffen alle Umweltabgaben und -auflagen nur die Unternehmen?

Die Bundesagentur für Arbeit

Eine zentrale Rolle bei der Vermeidung von Arbeitslosigkeit und dem Erreichen des Ziels „hoher Beschäftigungsstand“ nimmt die Bundesagentur für Arbeit ein. Sie unterliegt der Rechtsaufsicht des Bundesministeriums für Arbeit und Soziales. Ihre Aufgaben werden im Sozialgesetzbuch (SGB) Drittes Buch (III) definiert (§§ 367 ff. SGB III).

Besuche die Internetseite der Bundesagentur für Arbeit: www.arbeitsagentur.de
Suche dort Antworten auf die folgenden Fragen:

1. Wie heißt der aktuelle Vorstand der Bundesagentur für Arbeit?

2. Welche Aufgaben hat die Bundesagentur für Arbeit?

3. Wie ist die Bundesagentur für Arbeit organisiert?

4. Welche Angebote für die Studien- und Berufsberatung bietet die Seite? Beurteile die Maßnahmen.

5. Finde Maßnahmen, mit denen die Bundesagentur für Arbeit konjunkturelle und strukturelle Arbeitslosigkeit bekämpft.

Förderung der E-Mobilität

Elektromobilität – ein zukunftsweisender Begriff. Keine Abgase mehr in den Innenstädten, einfaches Aufladen seines E-Autos an einer solar-gespeisten Stromtankstelle, größere Reichweiten und bezahlbare Modelle. Geht es nach der deutschen Bundesregierung, so wird diese Vision bald Wirklichkeit: Bis 2020 sollen in Deutschland eine Million Elektroautos unterwegs sein, bis 2030 soll sich diese Anzahl versechsfachen. Deutschland will zum Leitmarkt und Leitanbieter bei der Elektromobilität werden. Allerdings springen die großen Autohersteller bislang nicht wirklich enthusiastisch auf den Zug auf – ihr Argument: Der Markt ist noch nicht reif für Elektromobilität, die Deutschen – das Volk der Auto-Verrückten – hingen noch zu sehr an den klassischen Benzinschleudern. Privatkunden interessierten sich noch zu wenig für elektrische Fahrzeuge.

Um dennoch ihr selbstgestecktes Ziel zu erreichen, entschloss sich die Bundesregierung zu einer breit angelegten Förderung von Elektromobilität. So fließen bis 2017 2,2 Mrd. Euro in die Forschung und Entwicklung von Elektromobilität. Zudem gibt es einen sogenannten Umweltbonus beim Kauf eines rein elektrischen Fahrzeugs von 4 000 Euro (bzw. 3 000 Euro für Plug-in-Hybride) für den Käufer eines solchen Fahrzeugs. Auch von der Kraftfahrzeugsteuer sind die Käufer bei einer Zulassung ab dem 01.01.2016 für mindestens fünf Jahre befreit – die Befreiung soll rückwirkend sogar auf zehn Jahre verlängert werden. Das Ladestationsnetz soll zudem ausgebaut werden – hier stellt die Bundesregierung von 2017 bis 2020 300 Mio. Euro zur Verfügung.
Ob die Maßnahme greift, wird sich noch zeigen – spätestens 2020 weiß man mehr.

1 Ordne die beschriebenen Maßnahmen der nachfrage- bzw. angebotsorientierten Wirtschaftspolitik begründet zu.

2 Beschreibe, welche Ziele des magischen Sechsecks durch die Maßnahmen berührt werden.

3 Beurteile die Maßnahmen mit Blick auf die Grenzen und Probleme der nachfrage- bzw. angebotsorientierten Wirtschaftspolitik.

4 Diskutiert in der Klasse: Sind Elektroautos die Fahrzeuge der Zukunft?
Führt dazu vorher eine Internetrecherche durch und recherchiert dabei u. a. zu folgenden Schlagwörtern: autonomes Fahren, E-Autos, Reichweite von E-Autos, Anzahl von E-Autos.

Reduzierung der Staatsverschuldung

Das Thema Staatsverschuldung ist seit der Finanzkrise ein häufig diskutiertes. Vor allem in Ländern mit einem hohen Schuldenstand, wie z. B. Griechenland, Portugal oder Italien, die eine Staatsverschuldung in Relation zum BIP von jeweils über 130 % aufweisen und damit die Maastricht-Kriterien deutlich verfehlen, ist die Diskussion um Sparmaßnahmen groß. Deutschland steht hier besser da, in den Jahren 2014, 2015, 2016 und 2017 gab es einen ausgeglichenen Haushalt ohne Neuverschuldung. Finanzminister Schäuble prägte dafür den Begriff der „schwarzen Null". An dieser Strategie scheiden sich die Geister.

Auf der einen Seite gibt es die Befürworter der „schwarzen Null", die wie folgt argumentieren: Ohne Neuverschuldung bleibt der Staat finanziell handlungsfähiger, da keine Zunahme der Belastung durch Tilgungs- und Zinszahlungen erfolgt. Im Idealfall können sogar bestehende Schulden abgebaut werden. Diese beiden Argumente führen auch dazu, dass zukünftige Generationen weniger mit dem Schuldendienst belastet werden – kommende Generationen sollen nicht für die jetzige Generation die Schulden tilgen müssen.

Die Kreditwürdigkeit und das Vertrauen auf den Kapitalmärkten steigt zudem durch die Konsolidierungsstrategie, das wirkt sich auf das Investitionsklima aus – was wiederum den Unternehmen zugutekommt. Außerdem kann so der Stabilitätspakt eingehalten werden, das hat auch eine Signalwirkung an andere Länder des Euro-Raums wie z. B. Griechenland, Portugal und Italien. Dazu ist die konjunkturelle Lage seit 2011 günstig (Stand 2017) und sorgt für hohe Staatseinnahmen, wodurch sich Ausgabenkürzungen zum Erreichen des Ziels bisher in Grenzen halten konnten.

Auf der anderen Seite gibt es die Gegner der „schwarzen Null", die folgende Argumente dagegenhalten: Die getätigten Einsparungen bzw. „Nicht-Investitionen" gehen zulasten der zukünftigen Generation – falls staatliche Zukunftsinvestitionen, wie z. B. Fördermaßnahmen für Zukunftstechnologie, Straßenbau, Infrastrukturverbesserung und Bildungsinvestitionen, unterbleiben.

Sobald aufgrund der konjunkturellen Lage Ausgabenkürzungen für das Erreichen des Ziels nötig sind, könnten diese auch zulasten der Sozialsysteme gehen. Im Falle einer Rezession könnte nicht fiskalpolitisch entgegengewirkt werden, da keine Mittel zur Verfügung stehen würden, falls man sich neu verschulden müsste. Zudem gibt es kein Gesetz, dass die „schwarze Null" festschreibt.

1 Ordne die beschriebene Maßnahme der nachfrage- bzw. angebotsorientierten Wirtschaftspolitik begründet zu.

2 Recherchiere im Internet die Maastricht-Kriterien. Erfüllt Deutschland zurzeit alle Kriterien? Sind die Kriterien sinnvoll gewählt?

3 Diskutiert in der Klasse: Die schwarze Null – Fluch oder Segen?

Didaktisch-methodische Hinweise

Parteiprogramme sind naturgemäß keine wirtschaftswissenschaftlichen Abhandlungen, sondern verkürzen zentrale Forderungen auf gängige Kurzformeln, um den Wählern hinsichtlich dessen eine Orientierung zu bieten, was sie im Falle eines Wahlsiegs von der entsprechenden Partei zu erwarten haben. Nichtsdestotrotz können parteipolitische Orientierungen und Schwerpunkte abgelesen werden.

Unterrichtseinheit 12:

Ⓚ Sachkompetenz, Wahrnehmungskompetenz, Kommunikationskompetenz, Deutungskompetenz, Urteilskompetenz

Die Arbeitsblätter **„CDU“ (S. 54f.)**, **„CSU“ (S. 56f.)**, **„SPD“ (S. 58f.)**, **„Bündnis 90/Die Grünen“ (S. 60f.)**, **„Die Linke“ (S. 62f.)**, **„FDP“ (S. 64f.)**, **„AfD“ (S. 66)** und **„Parteienvergleich in wirtschaftspolitischer Hinsicht“ (S. 67)** sind allesamt ähnlich aufgebaut, um eine arbeitsteilige Gruppenarbeit zu ermöglichen. Es können alle oder auch nur die wichtigsten Parteien an Gruppen vergeben werden, die aus der Bearbeitung Präsentationen für ein abschließendes Plenum erarbeiten können. Es ist aber auch möglich, die Arbeitsblätter nacheinander für jeweils alle Schüler einzusetzen, oder auch hier eine Auswahl für die Gesamtklasse zu treffen.
Das letzte Arbeitsblatt zum Parteienvergleich kann parallel zu den Gruppenpräsentationen eingesetzt werden oder den Abschluss der Klassenverbandssequenz darstellen.

CDU (1)

Das Kürzel CDU steht für Christlich Demokratische Union. Die CDU wurde 1945 als überkonfessionelle Partei auf christlicher Basis gegründet. Erst 1950 schlossen sich die bis dahin voneinander unabhängigen Landesverbände zu einer Bundespartei zusammen, abgesehen von Bayern, wo sich mit der CSU eine eigenständige Schwesterpartei etablierte. Die CDU war und ist stärker durch ihre Führungspersönlichkeiten von Konrad Adenauer bis Angela Merkel geprägt als durch einzelne programmatische Meilensteine. Auf Bundesebene war die CDU an den meisten bisherigen Regierungen beteiligt, so stellte sie von 1949 bis 1969 mit Konrad Adenauer, Ludwig Erhard und Kurt Georg Kiesinger den jeweiligen Bundeskanzler. Nach Oppositionsjahren erlangte Kanzler Helmut Kohl 1982 die Macht, die er 1998 wiederum abgab. Seit 2005 stellt die CDU mit Angela Merkel die erste Bundeskanzlerin der Republik. In der DDR existierte die CDU als Blockpartei, bis sie in der Volkskammerwahl 1990 stärkste Partei wurde und sich im selben Jahr mit der „West-CDU“ vereinigte.

Am Scheideweg der Wirtschaft. Wahlplakat der CDU zur Bundestagswahl 1949

Für eine starke Wirtschaft ...

1. Analysiert und interpretiert die beiden Wahlplakate der CDU.

2. Vergleicht die beiden Wahlplakate. Stellt begründete Vermutungen über das jeweils unterschiedliche Umfeld dieser Plakate an.

CDU (2)

Die Dynamik der Unternehmen und die Tradition der Freien Berufe, des Handwerks, des Mittelstandes, des Handels, der Industrie und einer gut ausgebildeten Facharbeiterschaft bilden Fundament und Rückgrat der deutschen Wirtschaft. Freiheit und Wettbewerb sind die Triebfedern unseres Wirtschaftssystems, deswegen gilt es für den Staat, sich bei Subventionen und wirtschaftlicher Betätigung zurückzuhalten. Vielmehr muss der Staat für eine funktionierende Infrastruktur sowie für die Leistungs- und Innovationsfähigkeit der Wirtschaft und der Menschen für die weitere Entwicklung Deutschlands sorgen. Arbeit für Alle ist das Kernstück sozialer Gerechtigkeit. Massenarbeitslosigkeit ist unerträglich und nicht hinnehmbar. In Deutschland ist die Arbeitslosigkeit hauptsächlich strukturell bedingt. Wir brauchen deswegen neben Bildungsinvestitionen eine umfassende Reform des Arbeitsmarktes mit besseren Beschäftigungschancen für Geringqualifizierte und Langzeitarbeitslose sowie Ältere. Grundsätzlich muss gelten: Vorfahrt für Arbeit. Die soziale Partnerschaft, Tarifautonomie und Mitbestimmung sind Grundlage unserer Wirtschafts- und Sozialordnung. […] Es muss gelten: Wenn man arbeitet, muss man mehr haben, als wenn man nicht arbeitet. […] Der Sozialstaat hat in Deutschland Großes geleistet. Er bleibt unverzichtbar. Die Systeme der sozialen Sicherung sind maßgeblich von der CDU gestaltet. Bei der Weiterentwicklung der Systeme orientiert sich die CDU an den Prinzipien der Eigenverantwortung, der Generationengerechtigkeit und der Leistungsgerechtigkeit.

3 Erarbeitet aus dem Text fünf Leitlinien der wirtschaftspolitischen Haltung der CDU.

4 Charakterisiert die wirtschaftspolitische Haltung der CDU in einem Satz.

5 Folgert aus diesen grundsätzlichen Überlegungen mögliche konkrete politische Forderungen bzw. Projekte der CDU und stellt diese dar.

6 Recherchiert möglichst aktuelle wirtschaftspolitische Initiativen der CDU und vergleicht sie mit den von euch in den Aufgaben 3 und 4 dargelegten Inhalten. Untersucht, inwieweit die Realität zu euren Vermutungen passt. Versucht, Erklärungen für mögliche Abweichungen zu finden.

7 Bewertet die wirtschaftspolitische Haltung der CDU, indem ihr u. a. darstellt, welchen Nutzen Deutschland aus dieser wirtschaftspolitischen Haltung zieht und wo eurer Meinung nach die Defizite liegen. Überlegt euch zudem, wie eurer Meinung nach der ideale Partner einer CDU-Regierung aus wirtschaftspolitischer Sicht aussehen müsste.

CSU (1)

Das Kürzel CSU steht für Christlich-Soziale Union. Die CSU wurde 1945 als überkonfessionelle Partei auf christlicher Basis in Bayern gegründet. Sie agiert nur im Freistaat Bayern und als Teil des Bundestags bzw. verschiedener Bundesregierung in ihrer Rolle als Schwesterpartei der CDU. Diese verzichtet im Gegenzug auf die Gründung eines bayerischen Landesverbands.

In Bayern stellt die CSU abgesehen von den Jahren 1954 bis 1957 durchweg den Ministerpräsidenten. Die bekanntesten Ministerpräsidentensind Franz Josef Strauß, Edmund Stoiber und Horst Seehofer.

Plakat zur Bundestagswahl 2009

Plakat zur Bundestagswahl 1961

1. Analysiert und interpretiert das Wahlplakat zur Bundestagswahl 2009. Stellt dabei begründete Vermutungen über Auffälligkeiten auf diesem Plakat an.

____

____

____

____

____

2. Informiert euch über die Person Karl-Theodor zu Guttenberg, indem ihr Erwachsene fragt. Haltet fest, welcher Eindruck von diesem Wirtschaftspolitiker geblieben ist.

3. Vergleicht beide Wahlplakate miteinander und sucht Erklärungen für Unterschiede.

Eine faire Wirtschafts- und Sozialordnung muss allen die Teilhabe am Wohlstand ermöglichen. Unsere Maxime heißt: Fairness durch Befähigung, nicht durch Umverteilung! Wir wollen die Menschen befähigen, ihre Chancen zu nutzen: überall und für jeden. […]

Chancen liegen in starken Regionen. In der Vielfalt liegt die Stärke Bayerns. Wir gestalten eine Politik der gegenseitigen Ergänzung von städtischen und ländlichen Regionen. Wir wollen alle gleichermaßen am guten Weg Bayerns teilhaben lassen. Gleichwertige Lebensbedingungen sind die Voraussetzung für faire Chancen: Die Menschen müssen überall im Land gleichermaßen Zugang zu Arbeit, Bildung, Gesundheit, Kultur, Betreuung und staatlichen Dienstleistungen haben. Wir wollen mehr bezahlbaren Wohnraum mit Lebensqualität schaffen. Bezahlbarer Wohnraum muss Teil des Wohlstandsversprechens der Sozialen Marktwirtschaft sein. Der Freistaat fördert und sichert gleichwertige Lebensverhältnisse und Arbeitsbedingungen in ganz Bayern.

Chancen brauchen Infrastruktur. Wirtschaft braucht Wege, Menschen brauchen Mobilität und alle brauchen das Internet. Eine leistungsfähige und ressourcenschonende Infrastruktur ist die Voraussetzung dafür, dass es überall Chancen gibt. Leistungsfähige Telekommunikations- und Breitbandverbindungen sind in der Gigabit-Gesellschaft genauso Lebensadern für ein Land wie Verkehrswege, Transportmittel und Stromnetze. Bayern kann seine Stärken nur ausspielen, wenn seine Infrastruktur auf modernstem Stand ist. […]

Landwirtschaft heißt Chancen im ländlichen Raum. Land- und Forstwirtschaft müssen auch künftig Garanten für Wertschöpfung in der Region sein: mit wertvollen Arbeitsplätzen, einer nachhaltigen Rohstofferzeugung und -nutzung sowie flächendeckender Pflege der Kulturlandschaft. […]

Erfolgreiches Wirtschaften ist auf Dauer nur mit sozialem Frieden möglich. Fairness heißt für uns: Wir wollen, dass Menschen von ihrer Arbeit leben können und soziale Sicherheit haben. Wir setzen uns für einen Sozialstaat des fairen Ausgleichs ein. […]

Wer arbeitet, soll mehr in der Tasche haben als jemand, der nicht arbeitet. Wer Vollzeit arbeitet, soll davon leben können.

4 Erarbeitet aus dem Text fünf Leitlinien der wirtschaftspolitischen Haltung der CSU.

5 Charakterisiert die wirtschaftspolitische Haltung der CSU in einem Satz.

6 Folgert aus diesen grundsätzlichen Überlegungen mögliche konkrete politische Forderungen bzw. Projekte der CSU und stellt diese dar.

7 Recherchiert möglichst aktuelle wirtschaftspolitische Initiativen der CSU und vergleicht sie mit den von euch in den Aufgaben 4 und 5 dargelegten Inhalten. Untersucht, inwieweit die Realität zu euren Vermutungen passt. Versucht, Erklärungen für mögliche Abweichungen zu finden.

8 Bewertet die wirtschaftspolitische Haltung der CSU, indem ihr u. a. darstellt, welchen Nutzen Deutschland aus dieser wirtschaftspolitischen Haltung zieht und wo eurer Meinung nach die Defizite liegen. Überlegt euch zudem, wie eurer Meinung nach der ideale Partner einer CSU-Regierung aus wirtschaftspolitischer Sicht aussehen müsste.

9 Versucht, die Abgrenzung der CSU von der CDU konkret zu fassen und in eigenen Worten zu formulieren. Erwägt Gründe für diese in Deutschland einmalige Konstruktion.

SPD (1)

Das Kürzel SPD steht für Sozialdemokratische Partei Deutschlands. Die SPD wurde 1869 von Wilhelm Liebknecht und August Bebel gegründet und vereinigte sich 1875 mit dem Allgemeinen Deutschen Arbeiterverein, der 1863 von Ferdinand Lassalle gegründet worden war, zur Sozialistischen Arbeiterpartei Deutschlands. Verschiedene Abspaltungen und häufig schwankende Wahlergebnisse prägten die Partei, die unter den Nationalsozialisten verboten wurde. Nach der Wiedergründung 1945 sorgte 1959 das Godesberger Programm für eine Entideologisierung der SPD, die sich infolgedessen stärker vom Sozialismus abgrenzte. Regierungsverantwortung übernahm die SPD in der ersten Großen Koalition von 1966 bis 1969 und stellte anschließend bis 1974 mit Willy Brandt und danach mit Helmut Schmidt den Bundeskanzler. Nach der Oppositionszeit von 1982 bis 1998 wurde Gerhard Schröder Bundeskanzler und regierte bis 2005. Danach war die SPD noch zwei Mal „Juniorpartner“ in Großen Koalitionen. In der DDR erfolgte die Zwangsvereinigung der SPD mit der KPD zur Sozialistischen Einheitspartei Deutschlands (SED), die bis zur Wiedervereinigung die führende (Staats-)Partei der DDR war. 1989 wurde eine neue Sozialdemokratische Partei in der DDR gegründet, die sich 1990 mit der „West-SPD“ vereinigte.

Plakat zur Bundestagswahl 2009

Helmut Schmidt auf einem SPD-Parteitag in Köln

1 Analysiert und interpretiert das Wahlplakat der SPD.

2 Informiert euch über die Person Helmut Schmidt, indem ihr Erwachsene fragt. Haltet fest, welcher Eindruck von Helmut Schmidt als Wirtschaftspolitiker geblieben ist.

SPD (2)

Im 20. Jahrhundert ist mit der sozialen Marktwirtschaft ein herausragendes Erfolgsmodell geschaffen worden. Sie verbindet wirtschaftliche Stärke mit Wohlstand für breite Schichten. [...]
Eine ausschließliche Orientierung an kurzfristigen und überzogenen Renditen gefährdet den sozialen Zusammenhalt und ist blind für die ökologischen Notwendigkeiten. Sie untergräbt zugleich den langfristigen wirtschaftlichen Erfolg unserer Unternehmen und unserer Volkswirtschaft. Märkte bedürfen der politischen Gestaltung – im Zeitalter der Globalisierung auch über nationale Grenzen hinaus. Für uns gilt: so viel Wettbewerb wie möglich, so viel regulierender Staat wie nötig. Für die Zukunft der sozialen Marktwirtschaft ist ein gemeinsames Vorgehen in der Europäischen Union von entscheidender Bedeutung. Wirtschaftliche Demokratie ist unverzichtbar dafür, die Forderung des Grundgesetzes mit Leben zu erfüllen: „Eigentum verpflichtet. Sein Gebrauch soll zugleich dem Wohle der Allgemeinheit dienen." Die Mitbestimmung in Betrieben und Unternehmen, die Tarifautonomie und das Streikrecht sind grundlegend für die soziale Marktwirtschaft. [...]
Einkommen und Vermögen sind in Deutschland ungerecht verteilt. Sozialdemokratische Steuerpolitik soll Ungleichheit begrenzen und gleiche Chancen fördern. Wir unterstützen Lohnzuwächse, die am Wachstum der Produktivität und an der Inflation orientiert sind. Wir wollen mehr Vermögen in Arbeitnehmerhand. [...]
Zusätzliche Arbeitsplätze entstehen vor allem, wo kreative Menschen ihre Ideen umsetzen und auf den Markt bringen. Wir verbessern die Bedingungen für Unternehmensgründungen sowie für kleine und mittlere Unternehmen, Handwerker und Selbstständige. Ein starker Mittelstand stärkt die Wertschöpfung. Gemeinnützige Unternehmen und Genossenschaften sind ein wichtiger Teil der sozialen Marktwirtschaft. Unternehmerische Freiheit und soziale Verantwortung sind für uns zwei Seiten derselben Medaille.

3 Erarbeitet aus dem Text fünf Leitlinien der wirtschaftspolitischen Haltung der SPD.

4 Charakterisiert die wirtschaftspolitische Haltung der SPD in einem Satz.

5 Folgert aus diesen grundsätzlichen Überlegungen mögliche konkrete politische Forderungen bzw. Projekte der SPD und stellt diese dar.

6 Recherchiert möglichst aktuelle wirtschaftspolitische Initiativen der SPD und vergleicht sie mit den von euch in den Aufgaben 3 und 4 dargelegten Inhalten. Untersucht, inwieweit die Realität zu euren Vermutungen passt. Versucht, Erklärungen für mögliche Abweichungen zu finden.

7 Bewertet die wirtschaftspolitische Haltung der SPD, indem ihr u. a. darstellt, welchen Nutzen Deutschland aus dieser wirtschaftspolitischen Haltung zieht und wo eurer Meinung nach die Defizite liegen. Überlegt euch zudem, wie eurer Meinung nach der ideale Partner einer SPD-Regierung aus wirtschaftspolitischer Sicht aussehen müsste.

Bündnis 90/Die Grünen (1)

Der Parteiname Bündnis 90/Die Grünen bzw. auch B90/Grüne ergibt sich aus dem Zusammenschluss der Parteien Die Grünen (West) und Bündnis 90 (Ost). 1980 gründeten sich die Grünen als Bundespartei aus unterschiedlichen Initiativen, die zuvor seit den 1970er Jahren unter verschiedenen Namen im Umfeld der Ökologie-, Frauen- und Friedensbewegung in Vorformen organisiert waren. 1983 zogen die Grünen erstmals in den Bundestag ein. 1990 vereinigten sich West- und Ostgrüne, 1993 kam die Bürgerrechtspartei Bündnis 90 hinzu. 1998 (bis 2005) kam es zur ersten Regierungsbeteiligung auf Bundesebene. In den Bundesländern sind die Grünen an verschiedenen Landesregierungen beteiligt und stellen mit Winfried Kretschmann in Baden-Württemberg einen Regierungschef.

Bundestagswahlkampf 1980

Landtagswahlkampf NRW 2017

1 Analysiert und interpretiert die beiden Wahlplakate der Grünen.

2 Vergleicht die beiden Wahlplakate. Stellt begründete Vermutungen über das jeweils unterschiedliche Umfeld dieser Plakate an.

Bündnis 90/Die Grünen (2)

Wir wollen unser Wirtschaftssystem zu einer ökologisch-sozialen Marktwirtschaft weiterentwickeln und damit Lebensqualität für heute und morgen sichern. Nachhaltig ist eine Marktwirtschaft, die Umweltschutz, soziale Sicherheit und wirtschaftliche Dynamik in ein Gleichgewicht bringt. Sie setzt die schöpferischen Kräfte der Menschen frei, indem sie die gleichberechtigte Teilhabe aller am wirtschaftlichen, sozialen und politischen Leben möglich macht. Und sie respektiert die Begrenztheit des Ökosystems Erde als Rahmen für wirtschaftliches Handeln. Die ökologisch-soziale Marktwirtschaft der Zukunft verlangt die Stärkung der Gesellschaft. Sie wirkt einer ausschließlich an maximalem privaten Gewinn orientierten Wirtschaftsweise entgegen. Dauerhafte Massenarbeitslosigkeit und Ausgrenzung von der Teilhabe an wirtschaftlichem Wohlstand sind zu überwinden. Daher wird die bisherige soziale Marktwirtschaft, die zu sehr auf den Unternehmensprofit ausgerichtet ist, ihrem Anspruch nicht gerecht und muss dringend weiter entwickelt werden. [...] Ohne Freiheit der gesellschaftlichen Kräfte, ohne Selbstbestimmung der Bürgerinnen und Bürger, ohne Subsidiarität erstarrt soziale Solidarität in Bürokratie. Es geht uns um die Förderung der zivilen Gesellschaft mit Mitteln des Staates bei gleichzeitiger Begrenzung des Staates. Das unterscheidet uns von staatssozialistischen, konservativen wie marktliberalen Politikmodellen. Ökologisch-soziale Marktwirtschaft hat nicht mehr allein das Bruttosozialprodukt als Maßstab des Wohlstands. Das Bruttosozialprodukt soll zu einer „umweltökonomischen Gesamtrechnung" erweitert werden, die auch ökologische Folgekosten einschließt. [...] Wir messen Wirtschaft auch daran, was sie dazu beiträgt, den Reichtum der kulturellen und sozialen Beziehungen der Menschen zu steigern, die Möglichkeit, frei und gleichberechtigt miteinander zu leben – ohne Benachteiligung auf Grund von Klasse, Schicht, Geschlecht, ethnischer Herkunft oder Lebensstil. [...] Eine ökologische und soziale Ökonomie muss auf einer Theorie der ganzen Wirtschaft aufbauen und alle mittelbaren und unmittelbaren wirtschaftlichen Austauschbeziehungen erfassen, einschließlich der privaten Haushalte und der auf unbezahlter Arbeit basierenden Produkte und Dienstleistungen. [...] Demgegenüber stehen wir für eine Gleichstellung zwischen Frauen und Männern als einem eigenständigen Gestaltungskriterium für Wirtschaft und einem Qualitätsmerkmal von sozialer Marktwirtschaft.

3 Erarbeitet aus dem Text fünf Leitlinien der wirtschaftspolitischen Haltung der Grünen.

4 Charakterisiert die wirtschaftspolitische Haltung der Grünen in einem Satz.

5 Folgert aus diesen grundsätzlichen Überlegungen mögliche konkrete politische Forderungen bzw. Projekte der Grünen und stellt diese dar.

6 Recherchiert möglichst aktuelle wirtschaftspolitische Initiativen der Grünen und vergleicht sie mit den von euch in den Aufgaben 3 und 4 dargelegten Inhalten. Untersucht, inwieweit die Realität zu euren Vermutungen passt. Versucht, Erklärungen für mögliche Abweichungen zu finden.

7 Bewertet die wirtschaftspolitische Haltung der Grünen, indem ihr u. a. darstellt, welchen Nutzen Deutschland aus dieser wirtschaftspolitischen Haltung zieht und wo eurer Meinung nach die Defizite liegen. Überlegt euch zudem, wie eurer Meinung nach der ideale Partner einer Regierung unter Beteiligung der Grünen aus wirtschaftspolitischer Sicht aussehen müsste.

Die Linkspartei.PDS entstand 2005 durch eine Umbenennung aus der PDS (Partei des Demokratischen Sozialismus). Eine Rolle spielte dabei die politische Kooperation mit der Partei WASG (Arbeit & soziale Gerechtigkeit – Die Wahlalternative), einem SPD-Ableger, deren Abgeordnete eine gemeinsame Fraktion rund um die bekannten Spitzenpolitiker Gregor Gysi und Oskar Lafontaine gegründet hatten. Aus dieser Zusammenarbeit erwuchs 2007 die neue Partei Die Linke. Sie ist in verschiedenen Landesregierungen beteiligt und stellt in Thüringen mit Bodo Ramelow den Ministerpräsidenten.

Von der Arbeit leben können

Selbst erarbeitetes Eigentum

1 Analysiert und interpretiert die beiden Wahlplakate der Linken.

2 Informiert euch über die Person Oskar Lafontaine, indem ihr Erwachsene fragt. Haltet fest, welcher Eindruck von Oskar Lafontaine als Wirtschaftspolitiker geblieben ist.

Die Linke (2)

Die neoliberale Entstaatlichungs- und Privatisierungspolitik der vergangenen Jahre hat in vielen Bereichen zu einer massiven Unterversorgung geführt. Die Überwindung des öffentlichen Investitionsstaus und der Ausbau öffentlicher Beschäftigung sind überfällig. Es ist eine Schande, dass in einem reichen Land wie Deutschland Menschen in Armut oder in Obdachlosigkeit leben, Kinder und Jugendliche keine gute Bildung erhalten, Pflegebedürftige vernachlässigt werden, Bibliotheken oder Schwimmbäder geschlossen werden oder aus Geldmangel Schulgebäude verfallen und Straßen verrotten. Wir brauchen einen Richtungswechsel in der Wirtschafts- und Finanzpolitik. Sie muss eine neue Vollbeschäftigung, höhere Masseneinkommen und die Stärkung der öffentlichen Finanzen anstreben. Dabei darf es keine sozial und ökologisch blinde Wachstumsfixierung geben, sondern dies muss mit einem zukunftsfähigen Umbau der Strukturen, mit sinkendem Rohstoffverbrauch und sinkenden Umweltbelastungen verbunden werden. Dazu muss die inländische Nachfrage durch eine Umverteilung zugunsten kleiner und mittlerer Einkommen und eine Ausweitung öffentlicher Leistungen gestärkt werden. DIE LINKE fordert große öffentliche Zukunfts- und Investitionsprogramme für Bildung, für soziale, ökologische und barrierefreie Verkehrsinfrastruktur. Dies schafft Nachfrage und Beschäftigung in privaten Unternehmen ebenso wie im öffentlichen Dienst. Die Beschäftigung im Bereich öffentlicher und sozialer Dienstleistungen ist in Deutschland im internationalen Vergleich stark unterentwickelt und zudem häufig schlecht bezahlt. Wir wollen in diesen Bereichen Millionen neue reguläre und tariflich bezahlte Arbeitsplätze schaffen und so zugleich dringende gesellschaftliche Bedürfnisse befriedigen. Dies kann und muss durch eine sozial gerechte und ökologische Steuerpolitik, die Reiche und finanzstarke Unternehmen verstärkt heranzieht und den Umweltverbrauch und den Ressourcenverbrauch besonders besteuert, solide finanziert werden. Eine aktive staatliche Industrie- und Dienstleistungspolitik ist erforderlich, um De-Industrialisierung zu verhindern und Arbeitsplätze im verarbeitenden Gewerbe, im Handel und in anderen Dienstleistungsbereichen zu sichern. Wir fordern ein Verbot von Massenentlassungen. Das wird in großem Umfang sozial abgesicherte Übergänge von Beschäftigten aus schrumpfenden in zukunftsfähige Branchen einschließen.

3 Erarbeitet aus dem Text fünf Leitlinien der wirtschaftspolitischen Haltung der Linken.

4 Charakterisiert die wirtschaftspolitische Haltung der Linken in einem Satz.

5 Folgert aus diesen grundsätzlichen Überlegungen mögliche konkrete politische Forderungen bzw. Projekte der Linken und stellt diese dar.

6 Recherchiert möglichst aktuelle wirtschaftspolitische Initiativen der Linken und vergleicht sie mit den von euch in den Aufgaben 3 und 4 dargelegten Inhalten. Untersucht, inwieweit die Realität zu euren Vermutungen passt. Versucht, Erklärungen für mögliche Abweichungen zu finden.

7 Bewertet die wirtschaftspolitische Haltung der Linken, indem ihr u. a. darstellt, welchen Nutzen Deutschland aus dieser wirtschaftspolitischen Haltung zieht und wo eurer Meinung nach die Defizite liegen. Überlegt euch zudem, wie eurer Meinung nach der ideale Partner einer Regierung unter Beteiligung der Linken aus wirtschaftspolitischer Sicht aussehen müsste.

FDP (1)

Das Kürzel FDP steht für Freie Demokratische Partei. Die FDP wurde 1948 gegründet und sieht sich in der Tradition der liberalen Parteien der Weimarer Republik. Sie stellte bisher mit Theodor Heuss 1949 bis 1959 und Walter Scheel 1974 bis 1979 zwei Bundespräsidenten und war so oft an Bundesregierungen beteiligt wie keine andere Partei, da sie oftmals das „Zünglein an der Waage“ zwischen CDU und SPD spielte.
Von 2013 bis 2017 war sie nicht im Deutschen Bundestag vertreten, spielte aber in verschiedenen Landesparlamenten eine politische Rolle. Mit der Bundestagswahl 2017 konnte die FDP auch wieder in den Bundestag einziehen.

Weniger Ideologie

Otto Graf Lambsdorff

1 Analysiert und interpretiert das Wahlplakat der FDP.

____

____

____

____

____

____

2 Informiert euch über die Person Otto Graf Lambsdorff, indem ihr Erwachsene fragt. Haltet fest, welcher Eindruck von Lambsdorff als Wirtschaftspolitiker geblieben ist.

FDP (2)

Die Soziale Marktwirtschaft ist die liberale Werteordnung für die Wirtschaft. Sie ist eine Wirtschaftsordnung, die darauf angelegt ist, Wohlstand, Beschäftigung und sozialen Ausgleich zu schaffen, und die Verantwortung für nachhaltiges Wirtschaften ermöglicht. In dieser Verbindung liegt seit jeher ihre besondere Stärke. Die Soziale Marktwirtschaft eröffnet in einer offenen, zukunftsgerichteten und freiheitlichen Gesellschaft, in deren Mittelpunkt der Mensch steht, jedem einzelnen die Chance, durch eigene Arbeit, Ideen und Anstrengung an materiellem Wohlstand teilzuhaben. Die konstituierenden Elemente der Sozialen Marktwirtschaft sind deshalb sozialer Ausgleich und Wettbewerb. Der soziale Ausgleich hat zum Ziel, den Zusammenhalt der Bürger unseres Landes zu fördern. Der Wettbewerb hingegen fördert durch die stetige Suche nach effizienteren Lösungen und neuen und besseren Produkten die wirtschaftliche Dynamik und die Schaffung von Arbeitsplätzen. Er verhindert Machtkonzentration und sorgt für eine Kontrolle der Kosten, für wirtschaftliche Dynamik und die Schaffung von Arbeitsplätzen. Wettbewerb verteilt den Gewinn nach Leistung und schafft weltweiten Wohlstand und Stabilität. [...] Der Staat ist Schiedsrichter des Marktes, nicht Mitspieler. Das Marktgeschehen wird durch die staatliche Rahmenordnung reguliert. Ihre Regeln müssen für alle gleich gelten. Die Herrschaft des Rechts schützt zwar die Freiheit des Einzelnen im Markt, nicht aber die Freiheit des Marktes oder marktbeherrschender Unternehmen. Sie zielt vielmehr darauf ab, Macht zu brechen und einen fairen Wettbewerb zu ermöglichen. Kommunal- und Staatsunternehmen verzerren den Wettbewerb. [...] Unabhängige Banken sind für Liberale unabdingbarer Teil unseres Finanzsystems. Unbegrenzte Existenzgarantien für Marktteilnehmer führen zu Verantwortungslosigkeit und behindern die Selbstregulierung des Marktes. [...] Eigentum ist ein Schlüssel zur Freiheit. [...] Dass der Gebrauch des Eigentums dem Wohl der Allgemeinheit dient, wird in der Sozialen Marktwirtschaft vor allem durch das Prinzip des Wettbewerbs und der Haftung sichergestellt. Nur wo der Wettbewerb um das beste Angebot stattfindet, dient der Gebrauch des Eigentums in erster Linie den Interessen der Verbraucher. Und nur wo der Grundsatz gilt, dass, wer den Nutzen hat, auch den Schaden tragen muss, ist gewährleistet, dass individuelle Fehlentscheidungen am Ende nicht auf Kosten der Gesellschaft gehen. Der Schutz des Eigentums, die Durchsetzung und Erhaltung von Wettbewerb sowie der Grundsatz individueller Haftung sind deshalb in der Sozialen Marktwirtschaft untrennbar miteinander verbunden.

3 Erarbeitet aus dem Text fünf Leitlinien der wirtschaftspolitischen Haltung der FDP.

4 Charakterisiert die wirtschaftspolitische Haltung der FDP in einem Satz.

5 Folgert aus diesen grundsätzlichen Überlegungen mögliche konkrete politische Forderungen bzw. Projekte der FDP und stellt diese dar.

6 Recherchiert möglichst aktuelle wirtschaftspolitische Initiativen der FDP und vergleicht sie mit den von euch in den Aufgaben 3 und 4 dargelegten Inhalten. Untersucht, inwieweit die Realität zu euren Vermutungen passt. Versucht, Erklärungen für mögliche Abweichungen zu finden.

7 Bewertet die wirtschaftspolitische Haltung der FDP, indem ihr u. a. darstellt, welchen Nutzen Deutschland aus dieser wirtschaftspolitischen Haltung zieht und wo eurer Meinung nach die Defizite liegen. Überlegt euch zudem, wie eurer Meinung nach der ideale Partner einer Regierung unter Beteiligung der FDP aus wirtschaftspolitischer Sicht aussehen müsste.

AfD

Das Kürzel AfD steht für Alternative für Deutschland. Die AfD wurde 2013 u. a. als Reaktion auf verschiedene Maßnahmen zur Euro-Rettung gegründet. Sie ist kurz nach ihrer Gründung in verschiedene Landesparlamente und ins Europaparlament eingezogen. Prägende Gestalt der Anfangszeit war der Wirtschaftsprofessor Bernd Lucke. Nach seinem Austritt übernahm u. a. der Wirtschaftsprofessor Jörg Meuthen den Vorsitz. Die Partei ist politisch rechts der CDU einzuordnen und hat liberal-konservative bis nationalkonservative Einflüsse.

Das geltende Arbeitsrecht ist in zahlreiche Einzelgesetze aufgespalten, die durch Richterrecht zu einem System zusammengefügt werden müssen. Dieser Zustand währt seit vielen Jahren und ist mit Grundsätzen qualitätsvoller Gesetzgebung nicht vereinbar. Zudem sind ungezählte Einzelfragen Gegenstand einer unübersichtlichen und regional unterschiedlichen Einzelfallrechtsprechung, welche eine angemessene Berechenbarkeit der Rechtslage kaum mehr möglich macht. Daher ist es dringend geboten, ein Arbeitsgesetzbuch zu schaffen, dass sowohl die Einzelgesetze systematisch zusammenführt als auch der überbordenden und uneinheitlichen Rechtsprechung ein Ende bereitet. Die AfD will die Bundesagentur für Arbeit auflösen und ihre Aufgaben vor allem auf kommunale Jobcenter übertragen. [...] Der gesetzliche Mindestlohn ist mit dem Wesen der Sozialen Marktwirtschaft eng verbunden. Er korrigiert im Bereich der Entlohnung die Position der Niedriglohnempfänger als schwache Marktteilnehmer gegenüber den Interessen der Arbeitgeber als vergleichsweise starke Marktteilnehmer. Er schützt sie auch vor dem durch die derzeitige Massenmigration zu erwartenden Lohndruck. Insbesondere erlaubt der Mindestlohn eine Existenz jenseits der Armutsgrenze und die Finanzierung einer, wenn auch bescheidenen, Altersversorgung, die ansonsten im Wege staatlicher Unterstützung von der Gesellschaft zu tragen wäre. Mindestlöhne verhindern somit die Privatisierung von Gewinnen bei gleichzeitiger Sozialisierung der Kosten. Die Alternative für Deutschland befürwortet es daher, den gesetzlichen Mindestlohn beizubehalten. Leitbild für uns ist die Familie, für die wir in der Sozialversicherung Abgabengerechtigkeit wollen. [...] Je mehr Wettbewerb und je geringer die Staatsquote, desto besser für alle. [...] Gegebenenfalls erforderliche staatliche Eingriffe – zum Beispiel um Monopole zu verhindern und Marktversagen entgegenzuwirken – sind auf das notwendige Minimum zu begrenzen und müssen für in- und ausländische Investoren kalkulierbar sein. Dies durchzusetzen ist Aufgabe der Wettbewerbspolitik. [...] Jede Form von staatlicher Planwirtschaft führt früher oder später zu Fehlallokationen und Korruption. Dabei gilt für uns wie für die Väter der Sozialen Marktwirtschaft: Wirtschaft ist immer Mittel zum Zweck, niemals Selbstzweck. Die größte Hypothek für das Funktionieren der Sozialen Marktwirtschaft stellt unseres Erachtens gegenwärtig die beispiellose EURO-Rettungspolitik der Staaten des EURO-Währungsverbundes und die Manipulation der Geldpolitik durch die Europäische Zentralbank dar.

1 Erarbeitet aus dem Text fünf Leitlinien der wirtschaftspolitischen Haltung der AfD.

2 Charakterisiert die wirtschaftspolitische Haltung der AfD in einem Satz.

3 Folgert aus diesen grundsätzlichen Überlegungen mögliche konkrete politische Forderungen bzw. Projekte der AfD und stellt diese dar.

4 Recherchiert aktuelle wirtschaftspolitische Initiativen der AfD und vergleicht sie mit den von euch in den vorherigen Aufgaben dargelegten Inhalten. Untersucht, inwieweit die Realität zu euren Vermutungen passt. Versucht, Erklärungen für mögliche Abweichungen zu finden.

Parteienvergleich in wirtschaftspolitischer Hinsicht

1 Analysiert und interpretiert die Karikatur.

2 Beantwortet die hinter der Karikatur stehende Frage jeweils vor dem Hintergrund eures Wissens zu den wirtschaftspolitischen Grundeinstellungen der Parteien.
Notiert dazu die Frage und passende Antworten für jede der sieben Parteien.

Frage: ____

____

3 Vergleicht die Parteien, indem ihr bewertet, wie gut die jeweiligen Antworten aus Aufgabe 2 zueinanderpassen bzw. wo große Widersprüche bestehen. Kennzeichnet dies, indem ihr den jeweils denkbar besten bzw. schlechtesten Partner in die Tabelle eintragt.

	CDU	**CSU**	**SPD**	**Bündnis 90/Die Grünen**	**Die Linke**	**FDP**	**AfD**
größtmögliche Übereinstimmung mit							
geringste Übereinstimmung mit							

4 Stellt euch vor, ihr müsstet eine Regierungskoalition schmieden. Würdet ihr einen Partner wählen, der euch in wirtschaftspolitischer Hinsicht eher gleicht, oder einen, der euch eher ergänzt. Begründet eure Antwort.

5 Formuliert einen begründeten Appell an euren Wunschpartner, mit euch eine politische Koalition einzugehen.

Wenn keine Lösungen angegeben wurden, handelt es sich um offene, individuelle Lösungen.

Die Soziale Marktwirtschaft

Seite 7: Begriff „Soziale Marktwirtschaft“ – Annäherung

Aufgabe 1:
Mögliche Aspekte:
- Bezug nicht nur auf die Wirtschaft, sondern auch auf die Gesellschaft
- Eigenverantwortung
- Einstellungssache
- Förderung von Wohlstand
- fundamentale Bedeutung für die Bundesrepublik Deutschland.

Aufgabe 2:
Mögliche Aspekte:
Sehr oft sind in den Begriffen, die mit Ökonomie verbunden sind, Freiheitsaspekte enthalten. Man könnte formulieren: Keine Marktwirtschaft ohne Freiheit, Freiheit ohne Marktwirtschaft ginge allerdings durchaus.

Seite 8: Begriff „Soziale Marktwirtschaft“ – Definition

Aufgabe 2:
Vorteile der Sozialen Marktwirtschaft bestehen v. a. rund um das Thema Absicherung und Solidarität, sodass diejenigen, die das „Tempo“ der Freien Marktwirtschaft nicht „mitgehen“ können, abgesichert sind. Es gibt also auch eine grundlegende Regulierung durch den Staat. Dadurch müssen die Erfolgreichen etwas abgeben und können sich nicht so frei entfalten, wie es theoretisch möglich sein könnte. Die Freie Marktwirtschaft hat größere Freiheit, mehr Chancen für Leistungswillige und weniger staatliche Eingriffe als Vorteile zu verbuchen. Allerdings besteht ein deutlich höheres Lebensrisiko für die weniger Leistungsfähigen.

Seite 9f.: Der Staat in der Sozialen Marktwirtschaft

Aufgabe 2:
Mögliches Schaubild:

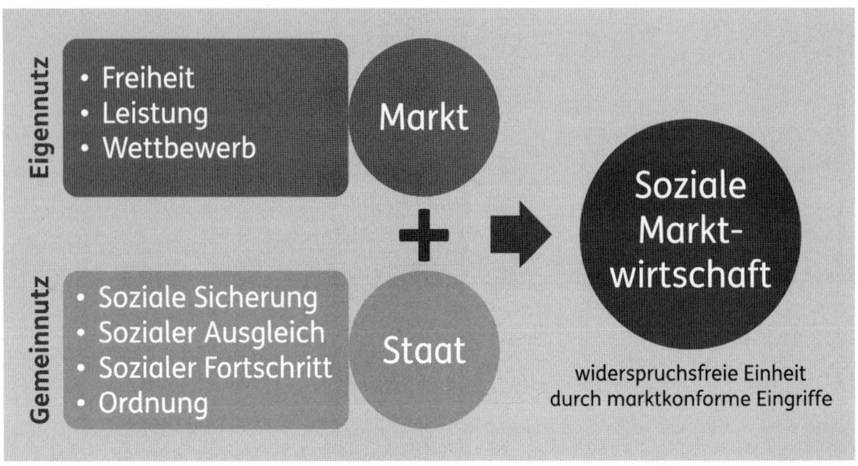

Seite 11: Soziale Marktwirtschaft in den Medien

Aufgabe 1:
Es bestehen hohe Erwartungen an das System der Sozialen Marktwirtschaft. Es wird augenscheinlich als zentral für gesellschaftliches Funktionieren angesehen, sodass Haltungen wie „Vertrauen“ in das Wirtschaftssystem eine Schlagzeile wert sind. Je nach Blickwinkel wird die Soziale Marktwirtschaft kritisiert, aber auch als unverzichtbar angesehen.

Seite 12f.: Soziale und ökologische Marktwirtschaft

Aufgabe 1:
Von der Autorin angesprochene Lebensbereiche:
- Familie, Kinderpflege, Haushalt
- Lebensmittel
- Ökostrom, Energie
- gerechte Arbeitsbedingungen
- Finanzdienstleistungen
- Reisen
- Mode, Textilindustrie

Mögliche weitere Lebensbereiche:
- Hausbau
- allgemeine Mobilität
- Müllverwertung, Recycling

Aufgabe 2:
Mögliche Grenzen:
- Finanzierbarkeit
- Bequemlichkeit
- Lebensstil
- Erreichbarkeit fairer Produkte
- Aufklärung bzw. Wissen

Seite 14f.: Das sogenannte „Greenwashing“

Aufgabe 1:
Aspekte des „Greenwashing“ aus dem Text:
- fragwürdige Werbung bzw. PR eines Unternehmens
- Hervorhebung einzelner umweltfreundlicher Leistungen, Aktivitäten oder Produkte
- Erweckung eines ökologischen Gesamtverhaltens, auch wenn nur einzelne Teilprodukte des Unternehmens ökologisch korrekt sind

Weitere mögliche Aspekte über den Text hinaus:
- weitere Beispiele für Ökokampagnen
- Einstellung von Umweltbeauftragten der Unternehmen, die aber eher PR-Manager sind als wirkliche Ökologen

Aufgabe 2:
Die Unternehmen versprechen sich von einem ökologischen Image einen größeren Verkaufserfolg. Dies hängt mit einem möglichst positiven Markenimage zusammen, das heutzutage mit ökologischen Themen quer durch alle Bevölkerungsschichten erreichbar ist. Eine wirkliche ökologische Umstellung der Firmenphilosophie wird für zu teuer und wenig erfolgversprechend gehalten.

Aufgabe 3:
Mögliche Aspekte:
Grundsätzlich ist es positiv, dass Umweltfreundlichkeit so hoch bewertet und so gut für den Markterfolg ist. Nichtsdestotrotz ist eine reine Vorspiegelung falscher oder nur teilweise zutreffender Tatsachen natürlich abzulehnen und sehr kurzsichtig gedacht.

Konzipierung und Durchsetzung der Sozialen Marktwirtschaft

Seite 17: Alfred Müller-Armack

Aufgabe 1:
Kernaussagen Alfred Müller-Armacks:
- Verbindung freier Initiative mit Fortschritt auf Basis des Wettbewerbs
- „verantwortlicher" Mensch als Ausgangspunkt
- Marktwirtschaft mit Freiheitsrechten
- Freiheit als Voraussetzung für Verantwortung, Verantwortung als Voraussetzung für Freiheit
- Sozialpartnerschaft in der Gesellschaft, Subsidiarität und Solidarität
- an der Konjunktur orientierte Beschäftigungspolitik
- soziale Marktwirtschaft als flexibles, nicht starres Konzept
- Aufgabenkatalog für den Staat: Investitionstätigkeit, Förderung von Selbstständigkeit, der Mensch als „Mittelpunkt der industriellen Arbeit", Umweltpolitik, Strukturpolitik, europäische Integration, Entwicklungshilfe

Seite 20f.: Ludwig Erhard

Aufgabe 1:
- Stärkung v. a. der Konsumgüterindustrie in der Nachkriegswirtschaft
- direkte Bewährung der neuen Währung unter marktwirtschaftlichen Gesetzen
- Wahrung der Übereinstimmung von Güterproduktion und Kaufkraftbildung
- „Soziale Marktwirtschaft" als ein Wirtschaftsmodell zur Unterstützung der Wirtschaft bei Betonung der Regulierungs- und Kontrollfunktion des Staates
- Verhinderung unsozialer Auswirkungen, Schaffung von „Wohlstand für alle"
- internationale Einbindung der deutschen Wirtschaft, Weltmarktfähigkeit
- soziale Abfederung eines rein liberalen Kurses
- Mitbestimmungsmodelle

Aufgabe 2:
Mögliche Akteure:
- verschiedene politische Gruppierungen
- ein starker Bundeskanzler Konrad Adenauer
- die Besatzungsmächte, insbes. die USA
- internationale Organisationen
- Koalitionspartner
- Wirtschaftsverbände

Volkswirtschaftliche Grundlagen

Seite 23f.: Wirtschaftskreislauf I

Aufgabe 1:
Vorteile:
- Es hilft, Komplexität zu reduzieren.
- Es bietet die Möglichkeit der Analyse.
- Man gewinnt einen Blick für das Wesentliche.

Nachteile:
- Viele Informationen gehen verloren.
- Das Modell ist ungenauer als die Realität.
- Folgerungen sind theoretischer Art.

Aufgabe 3:
Mögliche Aspekte:
Es fehlen der Staat und das Ausland sowie die Ströme für Steuern, Subventions- bzw. Unterstützungszahlungen, Importe, Exporte etc.

Seite 25: Wirtschaftskreislauf II

Aufgabe 1:
Mögliche Aspekte:
Die Schüler zahlen auch schon Steuern, v.a. indirekte wie die Mehrwertsteuer beim Konsum.

Aufgabe 2:
Mögliche Aspekte:
- Gemeinschaftliche Steuern: Einkommensteuer, Umsatzsteuer, Körperschaftsteuer, ...
- Bundessteuern: Tabaksteuer, Versicherung- und Kraftfahrzeugsteuer, ...
- Ländersteuern: Grunderwerbsteuer, Erbschaftsteuer, Biersteuer, ...

Aufgabe 3:
Mögliche Aspekte:
Staatlicher Konsum: z.B. öffentliche Bauvorhaben, Militärgerät, ...

Aufgabe 5:

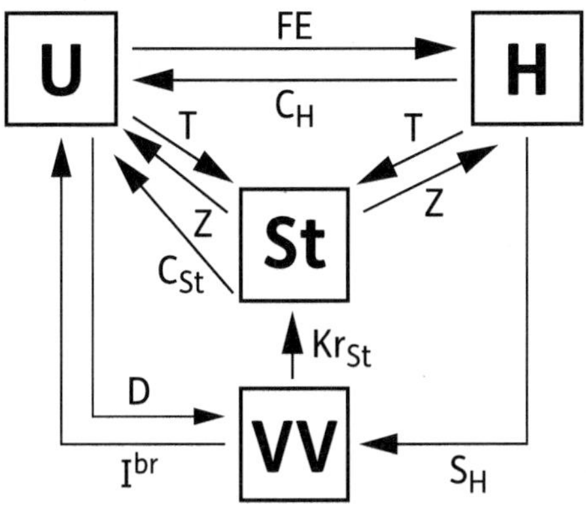

Seite 26: Wirtschaftskreislauf III

Aufgabe 1:
Alle Bilder weisen einen Bezug zu Export und Import auf (Öl-Pipeline, Mobiltelefon, Autotransport, Bananen).
Bislang beschränkt sich das Kreislaufmodell auf eine geschlossene Volkswirtschaft, es gibt keinen Handel mit Partnern außerhalb des Landes.

Aufgabe 2:

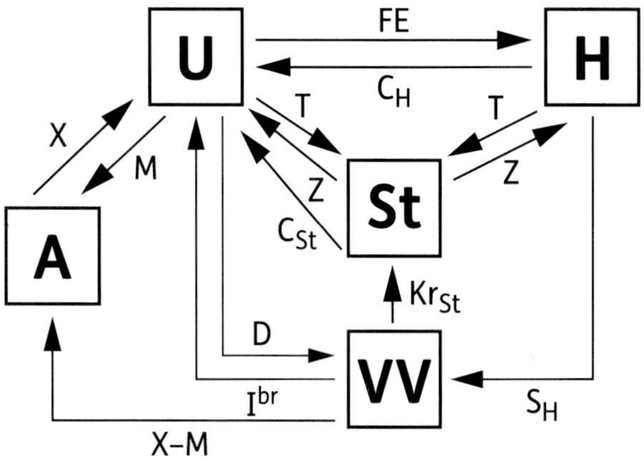

Aufgabe 3:
Stand 2016 weisen Deutschland sowie die EU einen Exportüberschuss auf.

Ziele der Wirtschaftspolitik

S. 29: Warum braucht man Wirtschaftspolitik?

Aufgabe 1:
Mögliche Aspekte:
„Krankheiten“, mit denen man zum „Arzt“ gehen sollte:
- Jugendarbeitslosigkeit
- Umweltverschmutzung
- Armut
- zu hohe Preissteigerungsraten

„Krankheiten“, bei denen man nicht unmittelbar eingreifen muss:
- wettbewerbsbedingte Schließungen (falls keine marktbeherrschende Stellung oder eine mögliche Monopolbildung dahintersteckt)
- mäßiges Wirtschaftswachstum
- Tarifstreitigkeiten

Aufgabe 2:
Mögliche Gründe sind z. B.:
- falsche Maßnahme
- falsche Dosierung
- Manche Maßnahmen benötigen einen längeren Zeitraum, bis sie ihre Wirkung entfalten.

S. 30: Das Stabilitätsgesetz

Aufgabe 1:
- angemessenes und stetes Wirtschaftswachstum
- hoher Beschäftigungsstand (geringe Arbeitslosigkeit)
- Preisniveaustabilität
- außenwirtschaftliches Gleichgewicht

Aufgabe 2:
Konkurrierend, z. B. Preisniveaustabilität und Wirtschaftswachstum: Ein höheres Wirtschaftswachstum geht meist mit Preissteigerungsraten einher, Wirtschaftswachstum führt also zur Verschlechterung des Ziels der Preisniveaustabilität.
Komplementär, z. B. Wirtschaftswachstum und hoher Beschäftigungsstand: Die Arbeitslosigkeit sinkt meist in Wachstumszeiten, die Ziele unterstützen sich gegenseitig.

Aufgabe 3:

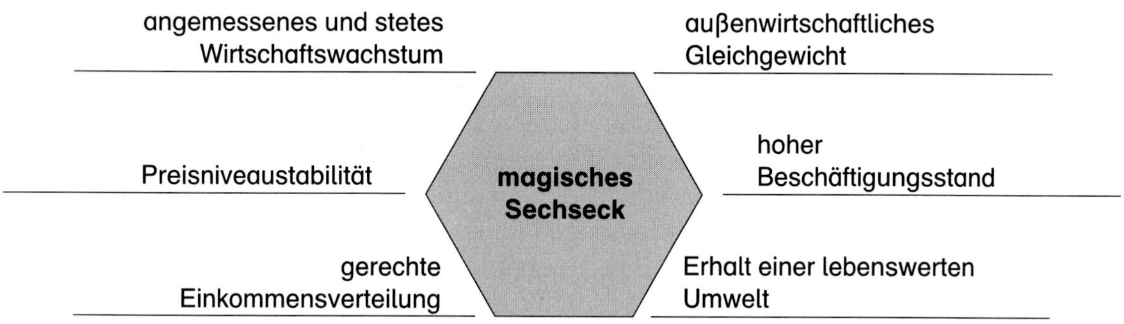

S. 31: Ziel: Hoher Beschäftigungsstand

Aufgabe 1:
private Probleme:
- soziale Isolation
- psychische Probleme
- Armut
- schwindendes Selbstwertgefühl

volkswirtschaftliche Probleme:
- Kosten für Weiterbildungsmaßnahmen, Arbeitslosengeld, Sozialhilfe
- Steuerausfall (weniger Einkommenssteuer, weniger indirekte Steuern durch Konsum)
- soziale Probleme (Ausgrenzung)
- Wirtschaftliches Potenzial geht verloren.

Aufgabe 2:
- konjunkturelle Arbeitslosigkeit: bedingt durch Rückgang des Wirtschaftswachstums
- saisonale Arbeitslosigkeit: In einigen Jahreszeiten ist die Arbeitslosigkeit höher als in anderen (z. B. im Winter).
- strukturelle Arbeitslosigkeit: Aufgrund struktureller Bedingungen herrscht Arbeitslosigkeit (Regional gibt es keine Arbeit, Arbeitsplätze gehen aufgrund struktureller Änderungen verloren, die Ausbildung passt nicht zu den vorhandenen Arbeitsplätzen).

S. 32: Ziel: Preisniveaustabilität

Aufgabe 1:
Für Deutschland wird vom Bundesamt für Statistik ein Verbraucherpreisindex (VPI) berechnet. Dies geschieht anhand eines Warenkorbs, der die typischen Ausgaben privater Haushalte für Waren und Dienstleistungen beinhaltet. Dazu erhebt das Bundesamt jeden Monat über 300 000 Einzelpreise für Waren und Dienstleistungen, die für Verbraucher besonders wichtig sind.
Die Berechnung des HVPI erfolgt durch Eurostat (Statistisches Amt der Europäischen Union) auf der Basis nationaler Ergebnisse des gesamten Euro-Raums und wird monatlich veröffentlicht.

Aufgabe 2:
Mögliche Aspekte:
Eine hohe Inflationsrate nimmt auf Dauer der Wirtschaft die Luft. Hohe Preissteigerungsraten führen v. a. zu erhöhten Kosten, z. B. um andauernd Preise neu zu kalkulieren oder auszuzeichnen. Das geht zulasten der Produktivität, da ein Großteil der verfügbaren Mittel nicht neu investiert werden kann, sondern durch die Inflation aufgesogen wird.

Aufgabe 3:
Mögliche Aspekte:
Nur in einem Umfeld stabiler Preise kann sich die Wirtschaft langfristig positiv entwickeln. Preisniveaustabilität schafft sowohl bei den Unternehmen als auch bei den privaten Haushalten die Voraussetzungen, über längere Zeiträume zu planen und die nötigen Investitionen tätigen zu können.

S. 33: Ziel: Angemessenes und stetes Wachstum

Aufgabe 1:

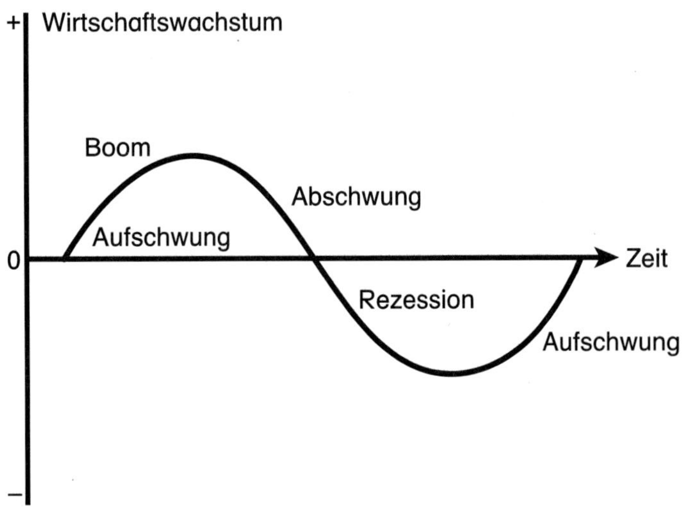

Aufgabe 2:
Es empfiehlt sich, hier die Internetseiten des Statistischen Bundesamtes zu verwenden (www.destatis.de).

Aufgabe 3:
Wirtschaftswachstum ist die Voraussetzung für einen hohen Beschäftigungsstand und mehr Wohlstand. Das Wachstum sollte „angemessen", also nicht zu hoch sein, da sehr hohe Wachstumsraten auch immer zu einer Erhöhung des Preisniveaus führen. Ein „stetes" Wachstum ist nötig, um den Konjunkturzyklus zu glätten und damit die negativen Auswirkungen eines Abschwungs bzw. einer Rezession zu mindern.

Aufgabe 4:
BNE: Bruttonationaleinkommen, früher auch Bruttosozialprodukt. Summe aller Güter und Dienstleistungen, die von einer Volkswirtschaft in einem Jahr erzeugt werden und zu Preisen bewertet sind (Inländerkonzept – personenbezogen).
Dahingegen ist das BIP gebietsbezogen, hier gilt das Inlandskonzept.
Das BIP gibt demnach die volkswirtschaftliche Leistung eines Landes wieder, egal, wer diese im Land produziert. Daher ist diese Größe als Messgröße besser geeignet, da sie gebietsbezogen ist.

S. 34: Ziel: Außenwirtschaftliches Gleichgewicht

Aufgabe 2:
Land A ist sehr importabhängig, das Einstellen des Handels wirkt sich damit deutlich auf die Einwohner des Landes aus. Da auch viele Lebensmittel aus Land B importiert werden, könnte es zu einer Lebensmittelknappheit kommen. Land A wird sich nach neuen Handelsmöglichkeiten umsehen, um den Engpass zu überwinden. Insgesamt sind die Auswirkungen aufgrund des Abbruchs negativ für Land A.
Land B ist sehr exportabhängig. Durch den Wegfall des Marktes von Land A könnte es in Land B zu einer höheren Arbeitslosigkeit, v. a. in exportabhängigen Betrieben, kommen, falls keine neuen Märkte erschlossen werden können. Das Wirtschaftswachstum in Land B wird zurückgehen. Insgesamt sind auch die Auswirkungen für Land B negativ.
Aus diesem Szenario kann auch eine Zielbegründung abgeleitet werden, denn sowohl eine zu hohe Import- als auch Exportquote können auf Dauer beim Wegfall von Handelspartnern negative Auswirkungen auf die Volkswirtschaft haben.

S. 35: Ziel: Gerechte Einkommensverteilung

Aufgabe 2:
Eine gerechte Einkommensverteilung sorgt für sozialen Frieden innerhalb des Landes. Eine zu große Einkommensschere zwischen Arm und Reich wird dadurch verhindert. Der Entstehung von Ausbeutung und Armut wird vorgebeugt.

S. 36: Ziel: Erhalt einer lebenswerten Umwelt

Aufgabe 1:
Eine lebenswerte Umwelt trägt zum Wohlstand eines Landes bei. Durch den Erhalt werden auch Kosten aufgrund von gesundheitlichen Schädigungen durch zu starke Umweltverschmutzung vermieden. Da die Umwelt ein öffentliches Gut ist, muss auf die Instandhaltung geachtet werden. Nachhaltiges Wirtschaften ist ohne dieses Ziel nicht möglich.

Aufgabe 2:
Die Wirtschaft in Form der Unternehmen nimmt starken Einfluss auf die Umwelt, v. a. durch Emissionen. Ebenso kommt eine intakte Umwelt den Lebensbedingungen der Einwohner eines Landes zugute, die ja wiederum zum Teil „Produktionsfaktoren" sind. Insofern muss dieses Ziel auch ein Ziel der Wirtschaftspolitik sein.

Aufgabe 3:
Wohlstand sollte nicht nur materiell betrachtet werden. Zum Wohlstand gehört auch Wohlbefinden. Dieses steigt in einer sauberen, intakten Umwelt an.

Arten und Ansätze der Wirtschaftspolitik

S. 38: Ordnungs- und Prozesspolitik

Aufgabe 1:

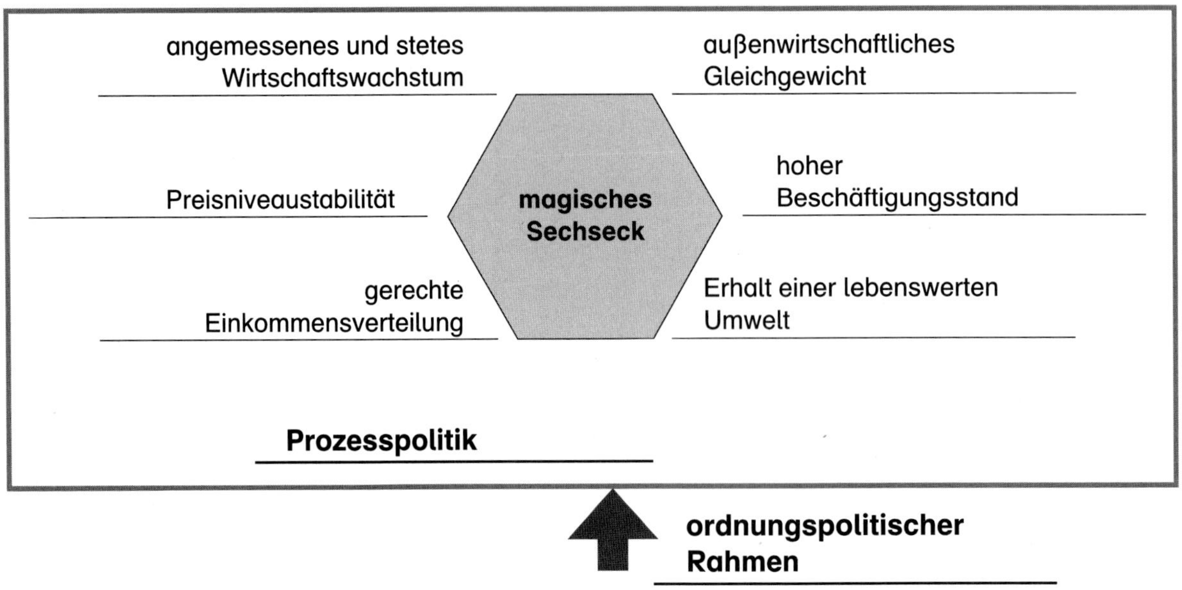

Aufgabe 3:
Mögliche Aspekte:
Eine reine Prozesspolitik genügt nicht, da der Rahmen immer wieder an veränderte Situationen angepasst werden muss.

S. 39: Gesamtwirtschaftliche Nachfrage

Aufgabe 1:
C_H: Familieneinkauf im Supermarkt, Klamottenshopping mit der Freundin
C_{St}: Renovierung des Kanzleramts, Straßenbau
I^{br}: Bau einer neuen Fertigungshalle, Kauf einer neuen Produktionsmaschine
X: Verkauf von Autos an einen chinesischen Großhändler, Verkauf von Chemieprodukten in die USA

S. 40f.: Nachfrageorientierte Wirtschaftspolitik

Aufgabe 1:
Der Staat hatte in dieser Form der Wirtschaftspolitik nur die Aufgaben eines Nachtwächters, also für Ordnung und Sicherheit zu sorgen. Aktive Eingriffe in das Geschehen erachtete man als nicht nötig.

Aufgabe 2:
- grundlegende Annahmen: Selbsthilfekräfte des Marktes reichen nicht aus, um Vollbeschäftigung herzustellen; zentraler Ansatzpunkt für die staatliche Wirtschaftspolitik ist die gesamtwirtschaftliche Nachfrage.
- wirtschaftspolitisches Konzept: Der Staat muss in Krisenzeiten durch eine Erhöhung der Staatsausgaben, vor allem über den staatlichen Konsum, die gesamtwirtschaftliche Nachfrage ankurbeln. Das kann auch über eine Erhöhung der Staatsverschuldung geschehen. In Zeiten konjunktureller Erholung soll der Haushalt wieder konsolidiert werden.

Aufgabe 4:
- Erhöhung von Subventions- bzw. Unterstützungszahlungen (Z), z. B. Erhöhung des Arbeitslosengeldes oder des Kindergeldes, Subventionszahlungen für nachhaltige Produktionsanlagen
- Beeinflussung der Steuerzahlungen (T), z. B. durch Senkung der Einkommen- oder Körperschaftsteuer, Veränderung von indirekten Steuern

S. 42f.: Nachfrageorientierte Wirtschaftspolitik: Probleme und Grenzen

Aufgabe:
Die **Staatsverschuldung** steigt, da in Hochkonjunkturzeiten meist nicht **gespart** wird. **Sparmaßnahmen** sind immer unpopulär und werden daher von Politikern nur ungern umgesetzt – vor der Wahl ist nach der Wahl.
Da der **Konjunkturverlauf** nicht genau vorhersagbar ist, ist es schwierig einzuschätzen, wann der richtige **Zeitpunkt** für eine Konjunkturbelebung ist. Zudem gibt es sogenannte **time-lags**. Damit bezeichnet man **Verzögerungen**, die einerseits bis zum Beschluss des **Konjunkturprogramms** und andererseits bis zur **Wirkung** der Maßnahme auftreten.
Der **Umfang** des Konjunkturprogramms ist nicht sicher zu bestimmen. Gibt man **zu wenig** aus, so greift die Maßnahme vielleicht nicht. Gibt man **zu viel** aus, kommt Kritik von der Bevölkerung wegen der Verschwendung von Steuermitteln auf.
Sind die Probleme **strukturell** bedingt, so hilft meist auch kein Konjunkturprogramm. Hier muss an den **Rahmenbedingungen** gearbeitet werden.
Steht den privaten Haushalten mehr **Geld** für den Konsum zur Verfügung, ist noch lange nicht gesagt, dass das Geld auch **ausgegeben** wird. Falls die privaten Haushalte z. B. aus **Angst** vor der Zukunft **sparen**, wird durch die dafür eingesetzten Mittel kein Nachfrageeffekt erreicht. Ebenso verhält es sich bei den **Unternehmen**. Ist deren Geschäftsprognose negativ, so werden sie kein weiteres Geld **investieren**, der nachfragesteigernde Effekt bleibt aus.
Ein weiteres Problem kann sich ergeben, wenn die **staatlichen** Investitionen die privatwirtschaftlichen **verdrängen**. Man spricht hier von **Verdrängungseffekten**.
Ist der **Staat** bereits stark **verschuldet**, so ist eine weitere Zunahme der **Staatsverschuldung** oftmals nicht mehr möglich. Somit können auch keine neuen Mittel im Rahmen des **deficit-spending** ausgegeben werden.

S. 44: Angebotsorientierte Wirtschaftspolitik

Aufgabe 1:
Grundgedanken für das Schaubild:
- Marktkräfte bewirken mittel- bis langfristig ein Gleichgewicht bei Vollbeschäftigung; staatliche Konjunkturpolitik ist überflüssig; zentraler Ansatzpunkt ist die Angebotsseite.
- Ansatzpunkte zur Stützung der Angebotsseite: Deregulierung/Entbürokratisierung, Steuerpolitik, Lohnpolitik

Aufgabe 3:
- Adam Smith (1723–1790), Hauptwerk „Wohlstand der Nationen" (1776), Professuren u. a. für Logik, Moralphilosophie
- Milton Friedman (1912–2006), Alfred-Nobel-Gedächtnispreis für Wirtschaftswissenschaften (1976), Professor an der Universität Chicago und Stanford

Aufgabe 4:
- Deregulierung/Entbürokratisierung: Abbau von Vorschriften, Förderung von Unternehmensgründungen durch Vereinfachung der Gewerbeanmeldung
- Steuerpolitik: Senken der Einkommensteuer, Senkung der Gewinnsteuern, Reduktion der Steuerklassen

- Lohnpolitik: Verringerung des Kündigungsschutzes, Orientierung der Lohnsteigerung an der Arbeitsproduktivität, Verringerung der Macht von Gewerkschaften

S. 45: Angebotsorientierte Wirtschaftspolitik: Probleme und Grenzen

Aufgabe:
In Deutschland ist die **Tarifautonomie** im Grundgesetz verankert; diese darf nicht per Abrede eingeschränkt werden. Bei zu starken Eingriffen in die Lohnpolitik kann es zudem zu breitem Widerstand von Interessengruppen kommen, allen voran von den **Gewerkschaften**.
Eine Rückführung der **Staatsquote** ist politisch auch schwer durchsetzbar, da **Kürzungen** von Geldmitteln immer unpopuläre Entscheidungen sind, die auch häufig von der jeweiligen **Lobby** bekämpft werden.
Investitionsförderung bei Unternehmen kann auch zu Rationalisierungen und Arbeitsplatzverlusten führen.
Schnelle Erfolge bleiben meist aus, da die Politik **langfristig** ausgerichtet ist.
Zudem funktioniert die angebotsorientierte Wirtschaftspolitik nur, wenn alle (**Bund**, **Länder**, **Kommunen**) an einem Strang ziehen.
Es kann zu einer **Umverteilung** des Einkommens und des Vermögens zulasten der Bezieher **mittlerer** und **niedriger** Einkommen kommen.
Insgesamt werden **soziale** Aspekte zu wenig beachtet.

Beispiele für wirtschaftspolitische Maßnahmen

S. 47: Konjunkturpaket I und II

Aufgabe 1:
Nicht immer ist die Zuordnung ganz eindeutig, es werden die offensichtlicheren Zuordnungen gewählt:
- angebotsorientierte Maßnahmen: verbesserte Abschreibungsmöglichkeiten für Unternehmen, Ausbau des Sonderprogramms für ältere und geringqualifizierte Arbeitnehmer, Kredit- und Bürgschaftsprogramm der KfW-Bankengruppe für eine bessere Kreditversorgung von Unternehmen, Erhöhung der Mittel für Qualifizierungsmaßnahmen der Bundesagentur für Arbeit
- nachfrageorientierte Maßnahmen: Erhöhungen der Finanzmittel des Gebäudesanierungsprogramms, Investitionsprogramm Verkehr, Verlängerung der Bezugsdauer von Kurzarbeitergeld, Programm für öffentliche Investitionen in Bildung, Infrastruktur und Informationstechnologie, Erhöhung der Mittel für Qualifizierungsmaßnahmen der Bundesagentur für Arbeit, Senkung der Beitragsätze, Verringerung des Eingangssteuersatzes und Erhöhung des Grundfreibetrags beim Einkommensteuertarif, Reform der Kraftfahrzeugsteuer und befristete Einführung einer Umweltprämie

Aufgabe 3:
Mögliche Aspekte:
Mit Blick auf den starken Einbruch waren die Maßnahmen absolut gerechtfertigt. Über die Höhe kann man sicherlich diskutieren. Es sollte bei der Diskussion auch darauf hingewiesen werden, dass die Wachstumsrate 2010 natürlich auch auf den geringeren Grundwert 2008 zurückgeht. 2010 wurde etwas mehr als der Stand von 2008 erreicht (2010: BIP 2.580 Mrd. Euro; 2008: BIP 2.561 Mrd. Euro).

S. 48: Die Abwrackprämie

Aufgabe 1:
Die Maßnahme ist der nachfrageorientierten Wirtschaftspolitik zuzuordnen, da es sich um ein kurzfristiges Programm zur Steigerung der gesamtwirtschaftlichen Nachfrage handelt.

Aufgabe 2:
Durch die Subventionszahlungen an Autokäufer erhoffte man sich positive Impulse für die gesamtwirtschaftliche Nachfrage. Der private Konsum sollte angekurbelt werden, durch die erhöhte Nachfrage nach Autos sollten sich auch auf Seiten der Unternehmen Spielräume für neue Investitionen eröffnen.

Aufgabe 3:
- Die Maßnahme war nicht nachhaltig: Der Konsum wurde nicht gesteigert, sondern nur vorgezogen. Der in diesem Jahr zusätzliche Konsum fehlte in den Folgejahren. Die Investitionen sorgten nur für ein kurzes Strohfeuer.
- Die Maßnahme stützte nicht die inländische Wirtschaft: Da in Deutschland v. a. Autos der Mittel- und Oberklasse hergestellt werden, ging ein großer Teil der Subventionen ins Ausland zu den Herstellern günstigerer Autos, die positive Auswirkung auf die heimische Wirtschaft unterblieb.

S. 49: Abgaben, Auflagen, Zertifikate

Aufgabe 1:
- Auflagen: Ordnungspolitik; kein direkter Eingriff in den Wirtschaftsprozess, lediglich die Rahmenbedingungen werden beeinflusst.
- Abgaben: Prozesspolitik; Eingriff in den Wirtschaftsprozess über eine Veränderung der Einnahme- bzw. Ausgabestruktur des Staates.
- Zertifikate: Kann beidem begründet zugeordnet werden, da sowohl ein neuer Rahmen gesetzt wird als auch in den Prozess direkt eingegriffen wird.

Aufgabe 3:
Mögliche Aspekte:
Nicht nur die Unternehmen sind betroffen. So sind z. B. die Kraftfahrzeugsteuer oder die Mineralölsteuer Umweltabgaben, die durch den Verbraucher getragen werden. Ebenso lassen sich auch Auflagen finden, welche die privaten Haushalte betreffen, wie z. B. das Einrichten von Umweltzonen in den Innenstädten.

S. 50: Bundesagentur für Arbeit

Aufgabe:
1. Aktueller Vorstandsvorsitzender ist Frank-J. Weise.
2. Die Aufgaben sind laut der Internetseite der Bundesagentur für Arbeit u. a.:
   - Ausbildungsvermittlung
   - Arbeitsstellenvermittlung
   - Beratung von Arbeitgebern, Arbeitssuchenden, Ausbildungsplatzsuchenden
   - Organisation, Beratung und Förderung von Berufsausbildung, beruflicher Weiterbildung sowie beruflicher Wiedereingliederung von Menschen mit Behinderung
   - Leistungen zur Erhaltung und Schaffung von Arbeitsplätzen und Entgeltersatzleistungen, wie z. B. Arbeitslosengeld oder Insolvenzgeld
3. Der Vorstandsvorsitzende bildet mit zwei weiteren Mitgliedern den Vorstand, der die Geschäftsführung der Nürnberger Zentrale innehat. Zudem werden zehn Regionaldirektionen und 156 Agenturen für Arbeit sowie ca. 600 Niederlassungen durch den Vorstand geführt.
5. Maßnahmen:
   - konjunkturelle Arbeitslosigkeit: z. B. Kurzarbeitergeld
   - strukturelle Arbeitslosigkeit: z. B. Weiterbildungsmaßnahmen

S. 51: Förderung der E-Mobilität

Aufgabe 1:
- angebotsorientiert: Förderung der Forschung und Entwicklung von Elektromobilität, Förderprogramm zum Aufbau von Ladestationen
- nachfrageorientiert: Umweltbonus, Befreiung von der Kfz-Steuer

Aufgabe 2:
Die Maßnahmen wirken auf mehrere Ziele hin: Im Vordergrund steht einerseits der „Erhalt einer lebenswerten Umwelt“, andererseits aber auch ganz klar das „angemessene und stete Wachstum“. Indirekt wird durch die Nachfragestimulation auch das Ziel „hoher Beschäftigungsstand“ gestützt. Inwiefern das Ziel „außenwirtschaftliches Gleichgewicht“ gestützt wird, ist fraglich, da sich Deutschland ja zu einem Leitanbieter für E-Mobilität entwickeln soll, was die Exporte erhöhen würde – das würde sich eher negativ auf dieses Ziel auswirken.

Aufgabe 3:
Mögliche Aspekte:
Time-lags: Ob und wann sich die Investitionen in die Forschung auszahlen, ist nicht klar.
Es ist nicht abzusehen, ob der Umweltbonus den richtigen Anreiz setzt – Gegensprecher behaupten, es handele sich hierbei nur um eine verdeckte Finanzierung der Autoindustrie, die durch diese marktverzerrende Subvention keinen Anreiz hat, kostengünstiger zu produzieren.

S. 52: Reduzierung der Staatsverschuldung

Aufgabe 1:
Grundsätzlich ist die Haushaltskonsolidierung eine Maßnahme der angebotsorientierten Wirtschaftspolitik. Eine genaue Zuordnung fällt jedoch schwer, da durch die Konsolidierung auch die gesamtwirtschaftliche Nachfrage betroffen ist.

Aufgabe 2:
- Preisstabilität: Vom Durchschnitt der drei preisstabilsten Länder darf höchstens 1,5 % abgewichen werden.
- Stabilität der öffentlichen Finanzen: Das jährliche öffentliche Haushaltsdefizit (Neuverschuldung) darf 3 % des BIP nicht überschreiten und die Gesamtschulden der öffentlichen Hand dürfen nicht mehr als 60 % des BIP ausmachen.
- Wechselkursstabilität: Teilnahme am Wechselkursmechanismus II des Europäischen Währungssystems II (EWS II) und Einhaltung der normalen Bandbreiten des Wechselkursmechanismus (in der Regel 15 %) seit mindestens zwei Jahren ohne Abwertung gegenüber dem Euro.
- Zinsen: Der durchschnittliche langfristige Nominalzinssatz darf nicht mehr als 2 Prozentpunkte über dem entsprechenden Satz in jenen drei EU-Staaten liegen, die auf dem Gebiet der Preisstabilität das beste Ergebnis erzielen.

Wirtschaftspolitische Schwerpunkte der Parteien

S. 54f.: CDU

Aufgabe 1 und 2:
Beide Plakate betonen Wirtschaftswachstum und Arbeit(-splätze) als Ziel. Beim älteren Plakat wird eine Negativschablone dargestellt, andere wollen augenscheinlich Bürokratie und Zwangswirtschaft, mit einem Kreuz für die CDU macht man denen einen Strich durch die Rechnung. Das neuere Plakat verknüpft ebenso Wirtschaft und Arbeit, enthält jedoch wenig Inhalt und setzt gänzlich auf die Wirkung der grafischen Elemente in den Nationalfarben. Das ältere Plakat ist ein Wiederaufbauplakat, die ganze Optik zeigt ein Industriearbeitsmilieu, das neuere Plakat spricht eher einen „Anzugträger" an. Die Farbgestaltung ist frischer, beide Plakate betonen nicht das „Schwarze", was ja eigentlich die Zuschreibung der CDU ist. Wahrscheinlich möchte man den Eindruck von „Trauer" bzw. „Beerdigung" vermeiden.

Aufgabe 3:
Mögliche Aspekte:
1. Freiheit und Wettbewerb sind zentral für die deutsche Wirtschaft.
2. Grundsätzlich soll sich der Staat als Akteur zurückhalten.
3. Der Staat sorgt für Infrastruktur und soziale Absicherung.
4. Arbeit muss mehr wert sein als soziale Sicherung.
5. Es gelten die Prinzipien der Eigenverantwortung, der Generationengerechtigkeit und der Leistungsgerechtigkeit.

Aufgabe 4:
Mögliche Aspekte:
Die CDU möchte eine freie Wirtschaft mit möglichst wenigen Eingriffen des Staates, der sich auf Soziales beschränken soll.

S. 56f.: CSU

Aufgabe 1:
Bemerkenswert ist, dass der CSU-Politiker Guttenberg auf einem CDU-Plakat zu sehen ist. Er ist im „CDU-Gebiet" gar nicht wählbar, galt aber als das wirtschaftspolitische Aushängeschild der Union.

Aufgabe 3:
Das neuere Plakat bemüht sich um eine moderne, dynamische, frische Optik. Das ältere Wahlplakat wäre heute kaum noch einsetzbar, weil das dort dargestellte Familienbild inzwischen selbst in konservativen Kreisen als überholt und „altbacken" gilt.

Aufgabe 4:
Mögliche Aspekte:
1. Umverteilung ist abzulehnen, Chancengleichheit steht im Vordergrund.
2. Regionalität ist der Schlüssel zur Stärke Bayerns.
3. Der Staat fördert die Schaffung gleichwertiger Lebensverhältnisse und Arbeitsbedingungen.
4. Infrastruktur und jede Art von Mobilität sind Voraussetzung für Chancengleichheit.
5. Sozialer Frieden ist unabdingbar, Arbeit soll sich lohnen.

Aufgabe 5:
Die CSU betont insbesondere die Chancengleichheit, um die wirtschaftliche Stärke Bayerns zu sichern.

S. 58f.: SPD

Aufgabe 1:
Regeln und Begrenzung wirtschaftlichen Handelns werden betont. Es steht weniger die Freiheit als vielmehr die Frage der Einhegung der Wirtschaft im Vordergrund.

Aufgabe 3:
Mögliche Aspekte:
1. Soziale Marktwirtschaft ist ein Erfolgsmodell, das wirtschaftliche Stärke mit Wohlstand für breite Schichten verbindet.
2. Marktwirtschaft bedarf der politischen Gestaltung, sowohl unter globalen wie z. B. auch ökologischen Blickwinkeln.
3. Gerechtere Verteilung von Einkommen und Vermögen ist anzustreben.
4. Es gehört mehr Vermögen in Arbeitnehmerhand.
5. Unternehmerische Freiheit und soziale Verantwortung korrespondieren.

Aufgabe 4:
Die SPD betont insbesondere die soziale Seite unternehmerischen Handelns und zielt auf die hier gegebene besondere Verantwortung ab.

S. 60f.: Bündnis 90/Die Grünen

Aufgabe 1 und 2:
Beide Male stehen zeitbedingt neue Konzeptionen im Mittelpunkt. Zur Zeit des kalten Kriegs wird ein neuer Weg zwischen den beiden Kontrahenten Kapitalismus und Kommunismus eingeschlagen, in heutiger Zeit die Orientierung an erneuerbaren Energien auch als „Jobmaschine". Es werden jeweils aktuelle Strömungen aufgegriffen.

Aufgabe 3:
Mögliche Aspekte:
1. Es wird eine Weiterentwicklung des Wirtschaftssystems zu einer ökologisch-sozialen Marktwirtschaft geben.
2. Diese soll nachhaltig sein, indem sie Umweltschutz, soziale Sicherheit und wirtschaftliche Dynamik in ein Gleichgewicht bringt.
3. Soziale Sicherheit ist weiterhin unabdingbar.
4. Als zentrale Begriffe dienen Freiheit ebenso wie Subsidiarität und Solidarität.
5. Die zivile Gesellschaft wird mit Mitteln des Staates gefördert bei gleichzeitiger Begrenzung des Staates.

Aufgabe 4:
Die Partei Bündnis 90/Die Grünen erweitert den Ansatz der Sozialen Marktwirtschaft insbesondere um den Ansatz der Nachhaltigkeit und der Ökologie.

S. 62f.: Die Linke

Aufgabe 1:
Im Vordergrund steht insbesondere der Aspekt der sozialen Sicherheit. Besonders betont werden Rechte von Geringverdienern und Arbeitern.

Aufgabe 3:
Mögliche Aspekte:
1. In vielen Bereichen hat die neoliberale Entstaatlichungs- und Privatisierungspolitik zu einer massiven Unterversorgung geführt.
2. Wirtschafts- und Finanzpolitik muss eine neue Vollbeschäftigung, höhere Masseneinkommen und die Stärkung der öffentlichen Finanzen anstreben.
3. Eine blinde Wachstumsfixierung ist schädlich.
4. Umverteilung zugunsten kleiner und mittlerer Einkommen und eine Ausweitung öffentlicher Leistungen stärkt die Wirtschaftskraft im Inland.
5. Beschäftigung im öffentlichen Dienst ist ein Mittel, um gerechte Arbeitsplätze zu schaffen.

Aufgabe 4:
Die Linke fordert einen starken Staat im Bereich der Wirtschaftspolitik und betont die soziale Sicherheit.

S. 64f.: FDP

Aufgabe 1:
Die FDP wendet sich gegen staatliche Finanzierungen in eigentlich privatwirtschaftlich organisierten Bereichen wie der Energiebranche und malt die Gefahr der Firmenabwanderung an die Wand. Sie setzen auf Pragmatismus statt ideologischer Haltungen.

Aufgabe 3:
Mögliche Aspekte:
1. Die soziale Marktwirtschaft ist die liberale Werteordnung für die Wirtschaft.
2. Der Mensch und mit ihm Chancengleichheit stehen im Mittelpunkt liberalen Wirtschaftshandelns.
3. Sozialer Ausgleich mit dem Ziel, den Zusammenhalt der Bürger unseres Landes zu fördern, und der Wettbewerb, der die stete Suche nach effizienteren Lösungen bedingt, korrespondieren.
4. Wettbewerb verhindert Machtkonzentration und verteilt den Gewinn nach Leistung.
5. Ohne Privateigentum gibt es keine Freiheit.

Aufgabe 4:
Für die FDP sind Wettbewerb und ein möglichst zurückhaltender Start Bedingungen für eine erfolgreiche Wirtschaft.

S. 66: AfD

Aufgabe 1:
Mögliche Aspekte:
1. Das Arbeitsrecht gehört überarbeitet und systematisiert.
2. Die Bundesagentur für Arbeit sollte aufgelöst werden.
3. Der Mindestlohn schützt die Schwachen, Sozialabgaben gehören gesenkt.
4. Eine besondere Bedeutung kommt der Familie zu.
5. Die Politik rund um den Euro ist ausnahmslos abzulehnen.

Aufgabe 2:
Die AfD fordert eine Politik, die sich insbesondere an den Schwachen ausrichtet, und ist gegen zu große staatliche Einflussnahme, sowohl bei den Sozialabgaben als auch in Sachen Euro.

Texte:

S. 7 Helmut Kohl, Bundeskanzler (1982–1998): http://www.gutzitiert.de/zitat_autor_helmut_kohl_thema_marktwirtschaft_zitat_2410.html (Stand: 28.09.2017).
Richard von Weizsäcker, Bundespräsident (1984–1994): http://www.zitate.de/kategorie/Marktwirtschaft (Stand: 28.09.2017).
Roman Herzog, Bundespräsident (1994–1999): http://www.gutzitiert.de/zitate_sprueche-marktwirtschaft.html (Stand: 28.09.2017).

S. 8 Hanisauland. Politik für dich. Begriff „Soziale Marktwirtschaft" aus: www.hanisauland.de © Christiane Toyka-Seid.

S. 9f. Der Staat in der Sozialen Marktwirtschaft: http://www.adenauercampus.de/lernmodul_02_up_rolle-des-staates. Creative Commons Namensnennung – Weitergabe unter gleichen Bedingungen 3.0 international, CC BY-SA 3.0 (abrufbar unter: https://creativecommons.org/licenses/by-sa/3.0/de/) (Stand: 28.09.2017).

S. 12f. Annabel Wahba: Ich muss mein Leben ändern, aus: ZEIT Magazin 5/2013: http://www.zeit.de/2013/05/Lebensstil-Nachhaltig-Oekologisch-Fair-Bewusst/komplettansicht? (Stand: 28.09.2017).

S. 14f. Jacqueline Brzinzky: Greenwashing: Grünes Mäntelchen für schwarze Schafe © GEO.de.

S. 17 Wolfgang Preß: Geniale Leerformel, 28.06.1991 in: DIE ZEIT, http://pressbuero.eu/

S. 30 Auszug aus dem Gesetz zur Förderung der Stabilität und des Wachstums der Wirtschaft: https://www.gesetze-im-internet.de/stabg/BJNR005820967.html (Stand: 28.09.2017).

S. 32 Definition Preisniveaustabilität © Deutsche Bundesbank, Frankfurt am Main: https://www.bundesbank.de/Redaktion/DE/Glossareintraege/P/preisstabilitaet.html (Stand: 28.09.2017).

S. 47 Konjunkturpaket I, Konjunkturpaket II © 2016 Bibliographisches Institut GmbH (Duden), Berlin

S. 48 Die Abwrackprämie © Handelsblatt GmbH. Alle Rechte vorbehalten: http://www.wiwo.de/unternehmen/abwrackpraemie-erschreckende-bilanz-der-autoverschrottung/5707118.html (Stand: 28.09.2017).

S. 55 Auszug aus dem Grundsatzprogramm der CDU © CDU: https://www.cdu.de/system/tdf/media/dokumente/080215-grundsatzprogramm-kurz_0.pdf?file=1&type=field_collection_item&id=1919 (Stand: 22.04.2017).

S. 57 Auszug aus dem Grundsatzprogramm der CSU © CSU: http://csu-grundsatzprogramm.de/grundsatzprogramm-gesamt/#befaehigung (Stand: 22.04.2017).

S. 59 Auszug aus dem Grundsatzprogramm der SPD © SPD: https://www.spd.de/fileadmin/Dokumente/Beschluesse/Grundsatzprogramme/hamburger_programm.pdf (Stand: 22.04.2017).

S. 61 Auszug aus dem Grundsatzprogramm von Bündnis 90/Die Grünen © Bündnis 90/Die Grünen: http://www.gruene.de/fileadmin/user_upload/Dokumente/Grundsatzprogramm-2002.pdf (Stand: 22.04.2017).

S. 63 Auszug aus dem Grundsatzprogramm der Linkspartei/PDS, S. 29 © Linkspartei/PDS: https://www.die-linke.de/partei/dokumente/programm-der-partei-die-linke/iv1-wie-wollen-wir-leben-gute-arbeit-soziale-sicherheit-und-gerechtigkeit/aktive-wirtschafts-und-arbeitsmarktpolitik/ (Stand: 22.04.2017).

S. 65 Auszug aus: Verantwortung für die Freiheit. Karlsruher Freiheitsthesen der FDP für eine offene Bürgergesellschaft. Beschluss des 63. Ordentlichen Bundesparteitages der FDP Karlsruhe, 22. April 2012, S. 78ff.

S. 66 Auszug aus dem Grundsatzprogramm der AfD, S. 36 © Alternative für Deutschland: https://www.alternativefuer.de/wp-content/uploads/sites/111/2017/01/2016-06-27_afd-grundsatzprogramm_web-version.pdf (Stand: 22.04.2017).

Bilder:

S. 15 Greenpeace Nachhaltigkeitsbarometer 2015: https://www.greenpeace.de/sites/www.greenpeace.de/files/publications/nachhaltigkeitsbarometer-2015-zusammenfassung-greenpeace-20160113_0.pdf (Stand: 28.09.2017).

S. 18 german-mark-728572 © wilhei: https://pixabay.com/de/deutsche-mark-geld-pfennig-m%C3%BCnzgeld-728572/.

S. 19 euro-76019 © geralt: https://pixabay.com/de/euro-geld-w%C3%A4hrung-europa-verzahnt-76019/.

S. 20: Ludwig Erhard 1957 mit seinem Buch Wohlstand für Alle. Von Bundesarchiv, B 145 Bild-F004204-0003/Adrian, Doris/CC-BY-SA 3.0, CC BY-SA 3.0 de, https://commons.wikimedia.org/w/index.php?curid=5448680.

S. 21: bmw-600-2920756_640 © Emslichter: https://pixabay.com/de/bmw-600-baujahre-1957-1959-2920756/.

S. 23 germany-1423911 © Mapcanyon: https://pixabay.com/de/deutschland-silhouette-bundesland-1423911/.
S. 25 Steuereinnahmen nach Ertragshoheit © Bundesministerium der Finanzen, Monatsbericht 1/2018
Ausgabenstruktur im Bundeshaushalt 2015 © Bundesministerium der Finanzen.
S. 26 bananas-698608 © StockSnap: https://pixabay.com/de/bananen-früchte-lebensmittel-698608/.
iphone-476237 © elcodigodebarras: https://pixabay.com/de/iphone-smartphone-telefon-handy-476237/.
pipeline-509872 © LoggaWiggler: https://pixabay.com/de/pipeline-druckwasserleitung-rohr-509872/.
train-1798707 © bluelightpictures: https://pixabay.com/de/zug-auto-transport-bahn-fahren-1798707/.
S. 29 body-75303 © geralt: https://pixabay.com/de/körper-blutkreislauf-aterien-venen-75303/.
S. 31 man-426985 75303 © 401711: https://pixabay.com/de/mann-gesicht-nachdenklich-426985/.
business-1408161 © markusspiske: https://pixabay.com/de/business-krawatte-chef-unternehmen-1408161/.
S. 33 statistics-810022 © geralt: https://pixabay.com/de/statistik-diagramm-grafik-balken-810022/.
S. 34: Warenhandel und Dienstleistungen mit dem Ausland © Gemeinsame Publikation der Deutschen Bundesbank und des Statistischen Bundesamtes, Januar 2018.
S. 35 hands-462298 © geralt: https://pixabay.com/de/hände-anzug-euro-münze-schein-462298/.
football-1331843 © flooy: https://pixabay.com/de/fußball-fussball-stutzen-1331843/.
workers-1210670 © MichaelGaida: https://pixabay.com/de/arbeiter-straßenarbeiter-baustelle-1210670/.
asia-1807539 © sasint: https://pixabay.com/de/asien-hilfe-pflege-für-begleiter-1807539/.
doctor-784329 © mufidpwt: https://pixabay.com/de/arzt-rezepte-schreiben-schöne-arzt-784329/.
african-668398 © johnkamatsos4: https://pixabay.com/de/afrikanische-geschäft-corporate-668398/.
S. 36 industry-1761801 © SD-Pictures: https://pixabay.com/de/industrie-sonnenaufgang-himmel-luft-1761801/.
garbage-331929 © grafic-vision: https://pixabay.com/de/müll-schrott-abfall-331929/.
S. 38 gears-1381719 © TheDigitalArtist: https://pixabay.com/de/zahnräder-teile-grunge-maschine-1381719/.
S. 40 John Maynard Keynes © IMF – File:WhiteandKeynes.jpg – Crop of the original picture from http://www.imf.org/external/np/adm/pictures/images/hwmkm.jpg, gemeinfrei, https://commons.wikimedia.org/w/index.php?curid=169393.
S. 42f. stock-exchange-295648 © geralt: https://pixabay.com/de/börse-börsenparkett-business-pfeil-295648/.
time-430625 © geralt: https://pixabay.com/de/zeit-zeitanzeige-termin-430625/.
bag-of-coins-1335962: https://pixabay.com/de/beutel-münzen-geldbörse-geld-1335962/.
adrenaline-872345 © DizzyRoseblade: https://pixabay.com/de/adrenalin-epinephrin-hormon-molekül-872345/.
crowd-of-people-1209630 © Free-Photos: https://pixabay.com/de/menschenmenge-menge-menschen-1209630/.
euro-447214 © geralt: https://pixabay.com/de/euro-schein-währung-ball-kugel-447214/.
trouser-pockets-1439412 © schuldnerhilfe: https://pixabay.com/de/hosentaschen-leer-jeans-kein-geld-1439412/.
S. 45 alphabet-word-images-1294992_1280 © OpenClipart-Vectors: https://pixabay.com/de/alphabet-wortbilder-menge-vorführung-1294992/.
time-430625 © geralt: https://pixabay.com/de/zeit-zeitanzeige-termin-430625/.
poor-1775239 © iamharsha_: https://pixabay.com/de/schlecht-schwarz-armut-obdachlose-1775239/.
S. 47 Bruttoinlandsprodukt, preisbereinigt © Statistisches Bundesamt (Destatis), 2017.
S. 48 junkyard-1501245_640 © music4life: https://pixabay.com/de/schrottplatz-schrott-metall-kaputt-1501245/.
S. 49 leaves-374246 © ceskyfreund36: https://pixabay.com/de/blätter-unterlagen-büro-ordnung-374246/.
bank-robbery-400300_1280 © stux: https://pixabay.com/de/bankraub-geldsack-hand-münzen-400300/.
recycling-254312_1280 © stux: https://pixabay.com/de/recycling-pfeile-kreislauf-254312/.
S. 51 electric-car-1458836 © mikesphotos: https://pixabay.com/de/elektroauto-auto-elektro-fahrzeug-1458836/.
power-source-1535554 © wildschuetz: https://pixabay.com/de/stromquelle-energie-tankstelle-1535554/.
S. 52 Wolfgang Schäuble © ireas – eigenes Werk, CC-BY-SA 4.0, https://commons.wikimedia.org/w/index.php?curid=36908459.
S. 54 Logo CDU © CDU.
Wahlplakat „Am Scheideweg der Wirtschaft“ © Konrad Adenauer Stiftung e. V.
Wahlplakat „Für eine starke Wirtschaft und sichere Arbeit“ © CDU.

S. 55 Logo CDU © CDU.
S. 56 Logo CSU © CSU.
Wahlplakat „Wir haben Kraft für Wirtschaft mit Vernunft“ © CDU.
Wahlplakat „Dein Leben in Frieden und Wohlstand“ © CSU: http://www.csu.de/partei/geschichte/die-1960er/ (Stand: 23.04.2017).
S. 57 Logo CSU © CSU.
S. 58 Logo SPD © SPD.
Wahlplakat „Weil Wirtschaft Maß und klare Regeln braucht“: Bundestagswahl 2009, Themenplakat, SPD-Parteivorstand, Wilhelmstraße 141, 10963 Berlin.
Helmut Schmidt SPD Parteitag Köln © Ladislaus Hoffner – eigenes Werk, CC-BY-SA 4.0, https://commons.wikimedia.org/w/index.php?curid=52122462.
S. 59 Logo SPD © SPD.
S. 60 Logo Bündnis 90 / Die Grünen © Bündnis 90 / Die Grünen.
Wahlplakat „Wir brauchen neue Wege“ © Bündnis 90 / Die Grünen.
Wahlplakat „Neue Energie. Neue Jobs!“ © Bündnis 90 / Die Grünen. Die Rechte liegen bei BÜNDNIS 90 / DIE GRÜNEN NRW.
S. 61 Logo Bündnis 90 / Die Grünen © Bündnis 90 / Die Grünen.
S. 62 Logo Die Linke © Die Linke.
Wahlplakat „Von der Arbeit leben können“ © Die Linke: http://www.dielinke-mkk.de/wahlen/kommunalwahlen/kommunalwahl_2011/wahlplakate/ (Stand: 23.04.2017).
Wahlplakat „Selbst erarbeitetes Eigentum“: https://www.facebook.com/oskarlafontaine/ (Stand: 23.04.2017).
S. 63 Logo Die Linke © Die Linke.
S. 64 Logo FPD © FDP.
Wahlplakat „Weniger Ideologie“ © FDP Landesverbband NRW, 2012.
Otto Graf Lambsdorff © Bundesarchiv, B 145 Bild-F046792-0029 / Wegmann, Ludwig / CC-BY-SA 3.0, CC BY-SA 3.0 de, https://commons.wikimedia.org/w/index.php?curid=5456772.
S. 65 Logo FPD © FDP.
S. 66 Logo AfD © Alternative für Deutschland.

Jederzeit optimal vorbereitet in den Unterricht?

»